新媒体视野下大学生思政教育

创新探索

钟燕 著

天津出版传媒集团

天津人民出版社

图书在版编目（CIP）数据

新媒体视野下大学生思政教育创新探索 / 钟燕著
. -- 天津 ： 天津人民出版社，2021.8（2025.1 重印）
ISBN 978-7-201-17550-8

Ⅰ．①新… Ⅱ．①钟… Ⅲ．①大学生－思想政治教育
－研究－中国 Ⅳ．①G641

中国版本图书馆 CIP 数据核字(2021)第 160874 号

新媒体视野下大学生思政教育创新探索
XINMEITI SHIYE XIA DAXUESHENG SIZHENG JIAOYU CHUANGXIN TANSUO

出　　版	天津人民出版社
出 版 人	刘　庆
地　　址	天津市和平区西康路35号康岳大厦
邮政编码	300051
邮购电话	(022)23332469
电子邮箱	reader@tjrmcbs.com

责任编辑	孙　瑛
封面设计	吴志宇
内文制作	牧野春晖(010-82176128)

印　　刷	北京市兴怀印刷厂
经　　销	新华书店
开　　本	710毫米×1000毫米　　1/16
印　　张	13.5
字　　数	202千字
版次印次	2022年1月第1版　　2025年1月第2次印刷
定　　价	79.00元

前　言

当前，世界正处在一个发展、变革、调整的关键时期，国际国内形势空前复杂。《国家中长期教育改革和发展规划纲要(2010—2020 年)》指出："中国未来发展、中华民族伟大复兴，关键靠人才，基础在教育。"然而，传统的大学生思想政治教育已经很难适应新形势的需要，难以满足大学生和高校思想政治教育进一步发展的需要。大学生是社会主义的建设者和接班人，能否搞好大学生的思想政治教育，直接关系到中国特色社会主义的命运和前途。我们必须以科学发展观为统领，认清形势、更新观念，积极探索大学生思想政治教育的新途径、新方法，开创大学生思想政治教育工作的新局面，为中国特色社会主义建设提供雄厚的人才储备和不竭的精神动力。

随着改革开放的深入，我国社会经济成分、组织形式、利益关系和分配关系日益多样化，人们的价值选择、社会意识、生活方式也日趋多样化。当代大学生具备较高的文化素质和较强的民主意识，对于社会转型时期的各种矛盾和冲突更为敏感，也更需要解疑。事实告诉我们，当前大学生思想政治理论教育的难度正在随着大学生个人认识的提高而不断增大，我国大学生思想政治教育面临着严峻的挑战。正是基于这样的背景，编者产生了编写本书的想法，希望能够通过对当代大学生思想政治教育的多维度透视与研究，为我国大学生思想政治教育的发展和进步提供新的思路，为提高当代大学生的思想政治素质贡献一分力量。

本书分七章对大学生思想政治教育及多媒体视角下的大学生思想政治教育进行了分析研究，第一章为大学生思想政治教育基础理论分析，第二章从以人为本、开放育人、整体德育、立德树人等角度对大学生思想政治教育的理念进行了拓展研究，第三章是大学生思想政治教育内容的创新延展，第四章对大学生思想政治教育方法进行了拓展研究，第五章分析研究了大学生思想政治教育路径的拓展，第六章对大学生思想政治教育的机制完善进行了分析，第七章分析研究了新媒体视野下大学生思想政治教育。

从总体来看，本书主要体现出以下三个特点：

一是政治性与科学性。本书以马列主义、毛泽东思想、中国特色社会主义理论体系为指导，服务于当代大学生思想政治教育工作。

二是理论与实践紧密结合。本书有科学的理论指导，立足当代大学生思想政治教育的实践，深入分析、研究了当代大学生思想政治教育的一系列突出问题，并总结概括出丰富的实践经验，再次运用到实践中。

三是具有前沿性。本书充分借鉴和吸收大学生思想政治教育研究的最新理论成果，结合当下社会实践，对我国大学生思想政治教育进行了分析与研究。

本书在撰写的过程中参考了一些专家、学者的著述和研究成果，由于成书时间仓促，编者研究水平亦有不足，书中难免存在一些错误与疏漏，敬请有关专家和广大读者批评指正。

作　者

目　录

第一章　大学生思想政治教育基础理论分析

第一节　大学生的特点及思想政治教育的内涵

一、当代大学生的特点

（一）大学生的生理特点

1. 体格迅速发育

人的身高与体重，在生长发育过程中有两次高峰。第一次的高峰期是从出生到一岁左右，在此期间体重可增一倍，从 3 千克左右增至 6~7 千克；身高会从 50 厘米生长到 70~75 厘米，身高增加比例为身体的 50%。第二次生长高峰为青春期，青春期之前，身高每年增长 3~6 厘米，而青春期，每年少则长 5~8 厘米，多则达到 10~13 厘米。相应地，体重每年可增加 3~6 厘米。由于大学生在大学学习阶段，仍处于青春期后期，这使得大学生身体发育继续延续着增长的势头，主要表现为：精力充沛，好玩爱动，身强力壮，朝气蓬勃。男女学生随着体格发育而出现体形变化，表现出明显的性别差异，充分体现人体的健与美。

2. 大脑活动旺盛

青年时期，是智能高度发展时期，脑的重量女子在 20 岁左右最重，男子在 20~24 岁之间最重，30 岁以后呈递减趋势。随着青春期大脑的神经纤维显著增加，神经系统的形态和机能基本完善，青年期大脑抽象逻辑思维能力大大提高，越来越善于运用概念进行判断、推理。他们的观察力、概括力、想象力、独立思考能力都因此而大为增加；他们对于自然界、社会现象和人的思想行为，有了自己的看法；他们记忆力好、求知欲强、思想敏锐、接受新事物快，并逐渐形成自己的世界观；他们开始认真考虑将来做什么人、干什么事、走什么样的人生道路问题。这个时期的学生，已能从事比较复杂的脑力劳动，并能主动安排自己的学习，进行独立钻研。但是，他们的脑细胞还较脆弱，容易疲劳，因此要劳逸结合。

3. 性机能趋于成熟

大学阶段的青年学生正处于性的成熟期。第二性征越来越明显，女子嗓音细润，乳房发育，月经规律；男子喉结突出，嗓音粗，胡须渐多。性激素广泛作用于整个机体的生理发育，促进骨骼的生长与成熟，使体魄坚实有力，体态日益健壮、丰满、匀称。性激素还引起了性的生理冲动和欲望，产生了对异性的好奇和特殊好感，有了对爱情的追求和向往。因此，对大学生要特别注意进行青春期生理、心理卫生教育，进行如何正确对待恋爱婚姻问题的教育，引导他们树立积极健康的爱情观，帮助他们平稳、顺利地度过这一时期。

（二）大学生的心理特点

青年期是少年向成年人转变的过渡期，也是少年心理向成人心理过渡的关键期，而大学阶段作为青年期的一个重要发展转折时期，这段时间对大学生的人生产生的作用是巨大的。大学生随着身体的发育成熟，在社会各种条件的相互作用下，心理面貌也发生巨大变化，对待人生形成了一定的思想，具有了一系列的心理特征。

1. 情感丰富而强烈

心理是脑的机能，是客观事物在人脑中的反映，情感作为人的主要心理过程之一，是人对客观事物的内心体验和感受。大学生随着年龄的增长、智力的发展、社会实践的增多，情感愈来愈丰富，具体表现为以下几个方面。

（1）理智感显著发展。理智感是人在智力活动过程中所产生的情绪体验。理智感在大学生的学习和生活的实践中发展起来，反过来，它又促进和推动大学生认识世界和改造世界的实践活动，指导他们的学习和生活。大学生的基本任务和主要生活内容就是学习，随着学习的快速拓展和不断深入，学生形成的知识体系更加系统规整，由此他们的理智感就发育得特别快。他们的求知欲、好奇心、探究心、幽默感和讽刺性，都是理智感的种种体验和表现。

（2）道德感明显发展。道德感是根据一定社会道德准则，在评价别人或自己的思想和言行时所产生的主观体验。大学阶段作为学生世界观、人生观、价值观形成的关键时期，大学生相较于中学生拥有更强烈的道德感。当别人或自己的言论、行动和意图符合自己的道德标准时，就产生满意、愉快、赞赏、钦佩等肯定的情感，否则就会产生不满、讨厌、蔑视、羞辱等否定情感。比如，看到老人摔倒在地，想要把他扶起来，或者看到别人为灾区捐款捐物产生的赞赏和钦佩等，就是大学生体验到的道德感。另外，同情、反感、睿智、疏远、尊敬、轻视、爱慕、感激、歉意等以及由世界观决定的同志感、友谊感、正直感、爱国主义感、集体主义感、社会责任感也是大学生从多方面体验到的道德感。

（3）美感进一步发展。美感是根据一定的审美标准对自然或社会现象及其在艺术上的表现予以评价时产生的情感体验，美感的发展与一定的文化修养有关。大学生是青年中文化水平较高的群体，他们鉴别美的能力更高，欣赏美的范围更大，内容更深化。他们对美的欣赏，不限于服装的得体、音乐的动听、艺术的艳丽，还赞叹山河的壮丽、春光的明媚、建筑的宏伟、田野的生机。他们不仅欣赏外在美，而且欣赏内在美，对艺术美、社会美的欣赏能力也大大提高。

（4）友谊感逐渐突出。友谊感在大学生的情感中十分突出，可以说青年时期是人生的一个分界点，青少年期由于个人的思想刚刚开始出现一些自主，这时候对家庭的依赖较大，友谊感不很强烈。当进入青年期，伴随着各方面的成长、思想的成熟，对友谊的要求渐趋强烈，并愈来愈注重于信念、志向、情趣、性格、爱好的交往，以利于交流思想、探讨问题、互相帮助。

（5）情感的外露性和不稳定性。大学生的情感具有外露性，喜怒哀乐溢于言表，感情奔放，容易冲动。他们往往表现出为真理而奋斗的热情，向往热烈奔放的生活，喜欢激动人心的场面；但也可能出现盲目的狂热和冲动，铸成大错。他们常因自己的需要和愿望得到满足而手舞足蹈，欣喜不已，也会因为一时得不到满足而怒气冲冠，悲观失望。大学生的情绪虽然较中学阶段稳定，但与成人相比还显得波动多变，容易从一个极端走向另一个极端。他们爱把事情想象得过于顺利、美好，缺少经受挫折的思想准备。一旦受挫，就陷入苦闷、烦恼、不满甚至绝望。

2．认识能力增强

大学生认识能力的发展，主要表现为观察力、记忆力、想象力和思维能力的发展。

观察力的发展。观察是一种有计划、有目的、较持久的知觉活动，观察力是在事物的表象中察觉出它的属性和特征的能力。大学生在接受教育的过程中，观察力发展很快，观察的目的性、主动性、精确性和深刻性都有很大提高。

记忆力的发展。记忆力是人脑对过去经验中所发生过的事物的反应能力。大学生正值记忆力发展的黄金时期，他们的记忆方式大有改进，无意记忆和机械记忆虽然还存在，但有意记忆、意义记忆和有目的记忆开始占据优势；他们的记忆容量迅速扩大，源源不断的书本知识、生活知识和社会知识涌入他们的大脑，成为他们记忆库中的资料。

想象力的发展。想象力是在过去知觉的基础上创造新的形象的能力。观察力、记忆力的发展，个人学习、生活资料的积累，为大学生想象力的发展奠定了基础。这使得大学生充满幻想，富有理想，憧憬未来，向往明天。

思维能力的发展。思维能力指通过分析、综合、概括、抽象、比较、具体化和系统化等一系列过程，对感性材料进行加工并转化为理性认识的一种思维能力。在大学生思想政治教育当中，无论是大学生的学习活动还是课外实践活动，都离不开思维能力。在大学这个阶段，理论观念进一步提高，对假设的理解发展到一个新的水平。同时，大学生的思维更为周密，他们既考虑现实状况，也分析以往的影响及将来达到的可能性，思维更加全面、灵活、有预见性。

3．自我意识增强

自我意识是指人对自己、自己与他人关系以及自己与周围世界关系的认识。自我意识包括自我观察、自我批评、自我监督、自我调节、自尊、自信、自立、自制和自豪感、责任感、义务感等。大学生身心的迅速发展，使之产生强烈的自我意识。主要表现是：

（1）自尊心、自信心和好胜心明显增强。大学生随着身心发展和知识扩展，显示出力量和才能，萌发出成人感，自尊心明显提高，要求受到别人的尊重，总想显示自己的作用以引起别人注意。自信心的增强表现为他们对自己的知识、能力、情感、意识有一定的了解和信心，喜欢对自己作肯定性评价。这一时期的学生要强好胜，喜欢显示自己的力量和才华，处处要表现自己是生活的强者。对待大学生的自尊心、自信心和好胜心，我们应该合理健康地引导，使之趋向于积极进取、不甘落后，珍视荣誉；防止处理不当使之脱离集体、追求虚荣、自傲自卑、铤而走险。因此，我们在做思想政治工作时一定要肯定和保护他们的自尊心和积极性，同时又要严格要求，善于引导，使二者有机地结合起来。

（2）独立意向迅速发展。由于日益增强的体力和智力，大学生的思想已经逐渐地成熟、自主，独立性和主动性显著发展。不再像中小学阶段对家庭有较大的依赖性和被动性。特别是当代大学生，他们不轻信他人结论，甚至会出现批判和"逆反心理"，不喜欢受到束缚。这种独立性不一定是缺点，但是，对大学生的独立性要加以引导，使其朝着正确的方向发展。

（3）自我评价和自我教育能力成熟。大学生自我意识增强，他们不仅借助别人的评价认识自己，而且会主要按照自己的尺度、进行独立的自我评价。大学生自我评价能力的日趋成熟，使他们自觉地进行自我教育成为可能。并且，随着自我评价的准确性提高，他们自我教育的主动性、正确性和稳定性亦相应提高。大学生思想政治工作应结合学生的这一特点，积极引导学生进行自我教育。

4. 社会心理渐趋成熟

随着大学生各方面的发育成长，他们的社会交往扩大了，愈来愈重视人际关系，以提高自己在社会关系中的地位。而随着独立性的增强，他们与家庭、同龄人以及教师的关系都发生了变化。

进入大学后，他们在与家庭的关系上，逐渐发生了质的变化。他们渴望独立，父母的榜样已不像童年时期那样绝对地、不加批判地被接受。随着知识、学历层次的提高和年龄的增长，他们在家庭中的独立性地位逐渐提高，行为的自主性越来越大，可以自主地支配自己的时间，自主地进行朋友选择和交往方式的选择等。

与同龄人的交往是获取信息，收获快乐、经验和友谊的很好形式。大学生有一种集体主义意识，希望自己可以像少年时期一样，有一种集体归属感。所以在大学中社团众多，各式各样，大学生参加社团活动和入团入党的要求强烈，以期承担更多的社会义务和社会责任，渴望体现自己在团体中的作用，实现自己的人生价值。

大学生在与教师的关系上，也发生了显著变化。大学生不再把学习分数看为同龄人之间取得尊重、声望、名誉的唯一途径，而把学习理解为对未来生活的一种准备。他们将教师看作师长和朋友，而不再是名誉的化身，对教师的尊敬多于崇敬。师生关系从少儿时的"亲密型"转为"疏远型"，他们不再是一切依赖于老师教授的学生，而是具有自主学习能力的学生。

5. 性意识逐渐成熟

青年期的大学生处于性机能迅速成熟时期，这引起他们生理和心理的一系列变化，并对异性有着非同一般的情感。由于大学生生理发育已趋成熟，性意识走向真实，性无知和性好奇被恋爱需求所代替，他们渴望在情感上与异性交流，关心异性对自己的评价，迫切想要和异性接近。现在，大学生谈恋爱现象较为普遍，原因比较复杂，除青春期提前、性意识超前外，与外来文化影响、缺乏正确指导、大学生的相互模仿及家长的容许和鼓励也有很大关系。正确处理学习和恋爱的关系，把主要精力用到学业上来是对新一代大学生的最主要的要求。

二、大学生思想政治教育

（一）思想政治教育的内涵

近几十年，学术界一直在对思想政治教育的内涵进行探讨，并取得了一定的进展。但就现状来看，对"思想政治教育"的内涵还存在着较大的分歧。

第一种观点认为思想政治教育就是政治思想教育，是为实现人的政治社会化而进行的教育。这种观点的主要着眼点在政治思想、观念和行为的培养教育上。

第二种观点认为思想政治教育就是思想教育，它包括政治思想、哲学思想（世界观）、道德思想、法制思想、审美思想等一切思想内容的教育，目的在于提高人们的思想素质和完成现实任务。相较于第一种认识，这种观点对"思想政治教育"的解释在内容上更为宽泛。

第三种观点认为思想政治教育不仅包含思想教育，而且包含道德品质教育，从这个意义上来说，思想政治教育不仅要转变人的思想、提高人的思想素质，而且要培养和塑造人的道德品质，从而提高和加强人的道德认识、道德情感、道德意志和道德行为。这种认识既包含了思想教育，又包含了品德教育，从内容上来说，比第一种和第二种的认识和解释更为宽泛。

第四种观点认为政治思想教育为思想政治教育的核心与重点，而且，除此之外，它还应包含心理教育。思想政治教育的任务不仅在于提高人的思想素质、道德素质，也在于提高人的心理素质，从人的思想认识上、道德情感上、心理行为上，全面地适应社会主义市场经济的需要，从而充分发挥人的主动性、积极性和创造性。在新时期，影响人的情绪和积极性的，不仅有政治思想问题、一般思想问题、道德品质问题，而且也有心理素质问题。尤其是新时期，人们的心理问题较之以往更为普遍，在许多情况下，不对人的心理问题（需要、兴趣、动机、挫折、调适、激励等）进行研究，就不能使人的积极性得到调动，更无法使人的潜能得以发挥，也就谈不上完成思想政治教育的任务了。因此，思想政治教育工作必然包含心理教育，提高人的心理素质。因此，改革开放以来，为适应新问题、新情况，在思想政治教育实践中，开始大量增加心理教育的内容。

尽管学术界对思想政治教育的内涵还没有一个一致、统一的看法，但我们可以通过上述分析总结出：所谓思想政治教育，就是指一定阶级或政治集团，为了实现其政治目标和任务，以政治思想教育为核心与重点，并包含思想、道德和心理综合教育，通过有目的地对人们施加意识形态的影响，以期改变人们的思想，指导人们行动的社会行为。

在这里我们还要指出的是，思想政治教育不等同于思想政治工作。思想政治教育是思想政治工作的重要组成部分，是贯穿思想政治工作的灵魂和主线。正如《国营企业职工思想政治工作纲要（试行）》中指出："职工思想政治工作，主要是指职工的思想政治教育。它是党的政治工作的一个组成部分，但不是政治工作的全部。"这是对思想政治教育与思想政治工作关系的首要阐明，即思想政治教育是思想政治工作的主要内容，是它的一个组成部分。实际上，思想政治教育始终蕴含并贯穿于政治工作和思想工作的始终，离开了思想政治教育，就无法搞好政治工作和思想工作，甚至会使其走上歧途。

但是，思想政治教育同思想政治工作不是等同的，二者之间存在着一定的差别，主要表现为它们外延上的区别，"思想政治工作"的外延要宽于"思想政治教育"。思想政治工作指的是一定阶级、政治集团在一定思想政治理论指导下，为实现自己的政治纲领和根本任务进行的思想政治活动，主要包括政权建设、组织政党、开展阶级斗争、动员群众参政等等许多具体政治工作。在进行思想政治工作的同时，虽然也包含着思想政治教育，但思想政治的许多具体工作、活动，不属于思想政治教育。二者的侧重点不同，思想政治教育主要是对人们进行世界观、人生观、价值观、道德观等方面的教育，解决的是人们精神世界方面的问题。而思想政治工作则侧重于社会的思想政治活动，它主要是对人们进行思想政治教育。因此，我们在理解思想政治教育的内涵时，一定要注意将其与思想政治工作区分开来。

（二）大学生思想政治教育的内涵

思想政治教育是一种教育实践活动。它可以分为狭义和广义两方面。从狭义上来说，思想政治教育指的就是学校教育，所谓大学生思想政治教育是指在一定的社会要求之下，高等院校有目的、有计划、有组织地对学生的思想、品德、心理、政治等方面进行培养，使他们形成符合一定社会要求的社会实践活动。

高等学校的根本任务是培养德智体等方面全面发展的社会主义事业的建设者和接班人。大学生的思想道德素质、心理素质、政治素质、科学文化素质等如何，直接关系到党和国家的前途命运，关系到中国特色社会主义事业的兴衰成败，关系到全面建设小康社会和中华民族伟大复兴目标的实现。因此，高校必须对大学生思想政治教育予以充分重视，把坚定正确的政治方向放在教学工作首位。

在我国，高校对学生的思想政治教育，通常与高校德育的性质是基本相同的，主要表现在以下几方面：

第一，从指导思想与教育目标上来说，二者具有一致性。无论是实际教育与教学层面，还是学科建设与研究层面，大学生思想政治教育与高校德育，都要坚持以马克思列宁主义、毛泽东思想、邓小平理论、"三个代表"重要思想、科学发展观和习近平新时代中国特色社会主义思想为指导，贯彻《中华人民共和国高等教育法》规定的"坚持教育必须为社会主义现代化建设服务，为人民服务，必须与生产劳动和社会实践相结合，培养德、智、体、美等方面全面发展的社会主义事业的建设者和接班人"的教育方针。

第二，从教育内容与教育重点上来说，二者是完全一致的。我国《中国普通高等学校德育大纲》规定："德育即思想、政治和品德教育，它体现教育的社会性与阶级性，是学校教育的重要组成部分。它与智育、体育等相互联系，彼此渗透，密切协调，共同育人。"①大学生思想政治教育与德育都包括思想教育、政治教育和道德教育。

第三，从教育功能与教育方式上来说，二者是完全一致的。大学生思想政治教育与高校德育，都要坚持育人为本，提高学生思想、政治、道德素质；都要贯彻理论联系实际的原则，贴近实际、贴近生活、贴近学生，结合学生的实际情况，有针对性地开展教育，从而使教育更具吸引力、感染力与实效性。

第四，从教育机构与教育人员上来说，二者是完全一致的。高校的教育，大致分为德育、智育与体育，对于思想政治理论课教学单位、学生工作部、共青团组织等主要从事德育的机构，可以将其称为学生思想政治教育机构。而从事德育的人员，也可称为学生思想政治教育人员。高校不存在学生思想政治教育和德育两种不同机构与人员。

大学生思想政治教育与高校德育还是有一定区别的，主要表现为学科的所属。高校德育是与高校智育、体育、美育相关联的教育，是高等教育的重要组成部分，在高校具有领先地位，它是教育学科的重要概念。而大学生思想政治教育是党组织的主要工作，它的主要任务是对大学生进行马克思主义理论教育，因而在高校可以将学生思想政治教育和德育统一起来，但是思想政治教育在学科上并不是教育学的概念，而是马克思主义理论学科的重要概念。

---

① 全国普通高校"两课"教育教学调研工作领导小组. 普通高校思想政治教育课程文献选编（1949—2003）[M]. 北京：中国人民大学出版社，2003：162.

高等学校对大学生进行思想政治教育，使大学生热爱社会主义祖国，从政治上保证其拥护党的领导和党的方针政策，从而确保中国特色社会主义事业能始终坚持正确的政治方向；从思想上保证大学生的世界观、人生观和价值观能以马克思列宁主义、毛泽东思想、中国特色社会主义理论体系为指导；从道德上使大学生深刻领悟为人民服务精神，从而弘扬社会主义道德，使其具有强烈的使命感、责任感以及艰苦奋斗的精神；在心理上首先要使大学生学法、懂法，自觉地遵纪守法，保障其心理素质的健康。高等学校要把人才培养作为根本任务，要高度重视思想政治教育，将其摆在首要位置，贯穿于教育教学的全过程。教育的根本任务是育人，教育必须坚持以学生为本，突出学生在教育当中的主体地位，将思想政治教育的外在要求转化为大学生强烈的内在需求。这就要充分了解学生的心理需求，将思想政治教育做到大学生的心里去，努力提高大学生思想政治教育的针对性和实效性。①

第二节　大学生思想政治教育面临的形势

一、当前我国大学生思想政治教育面临的形势

（一）政治形势

思想政治教育政治环境是社会环境的重要组成部分，是直接与思想政治教育紧密联系、关系密切的环境，一头连着人的思想政治素质，另一头连着整个社会环境，对公民的思想政治教育产生影响。

1．政治体制

我国实行的是人民代表大会制度，它是我国人民当家作主的根本政治制度，是我国的政治体制。人民代表大会制度是一种民主型的政治体制；在这种体制下，我国人民群众有更多的机会表达自身意愿，从长远来看，这种体制更能适应人的需求和思想变化发展规律。对思想政治教育来说，这种体制环境更是其发展的"良

---

① 周济．抢抓机遇 乘势而上 加强和改进大学生思想政治教育[J]．思想理论教育周刊，2004（11）：4—8．

性土壤"，在这种"土壤"的影响下，思想政治教育必定会迈向更为广阔的空间，获得历史性的发展。

2．政治现状

目前，我国人民群众的思想意识已经有了显著的提高，思想政治教育活动取得实效性的发展。但由于我国还处于社会主义初级阶段，社会主义政治制度、政治体制还需要经过一个不断发展和完善的过程，并且这一过程还将贯穿社会主义初级阶段始终。

（二）文化形势

文化一般是指凡是由人类创造出来，并通过学习获得和为后人传递下去的一切物质和非物质内容，而文化环境则是社会文化系统诸要素的总和，可以分为广义和狭义两个概念。

广义的文化囊括了社会生活的各个层面，美国著名的人类学家拉尔夫·林顿在界定文化时这样说道："文化是指任何社会的全部生活方式……没有无文化的社会，甚至没有无文化的个人。"[①]

狭义的文化则是指人类社会实践活动的精神产物，如习近平新时代中国特色社会主义思想中的文化自信。文化环境不仅有工具、器具和物品等表现形式，还表现为社会生活中重要文化产业的转型升级和文化产品的发展更新。在现实生活中，文化环境具有鲜明的实体性，如展览馆、博物馆、纪念碑等，这些实体性的文化建筑，更多地承载着一种精神文化的寄托，不仅可以美化市容市貌，还能使人们的身心发展处于一个积极健康的文化环境中，有助于人们陶冶情操，培养心智，教化心灵。

当前，随着经济全球化、信息技术网络化和政治多极化，文化正呈现出多元化的发展形势，各个国家、民族、地域之间的交流与合作日益频繁，以国家为代表的多元文化的冲突已经逐渐取代传统的两大阵营对峙和意识形态冲突。

---

① 引自[美]C．恩伯，[美]M．恩伯；杜杉杉译．文化的变异：现代文化人类学通论[M]．沈阳：辽宁人民出版社，1988：29．

西方人认为现代的物质文明之所以能够成功是由于他们创造出先进的"文明"体制，并完全陶醉其中。在他们的意识里，自己是掌握现世真善美的"救世主"，将他们自己觉得好的价值观念、生活方式、政治制度输出给其他国家是他们的责任，他们有义务使其他国家的人民获得自由、幸福、美好的生活。在这种形势下，文化呈现出霸权主义和帝国主义特征，具体表现为"输出意识形态"和"输出民主"。他们利用自身高度发达的现代信息技术有组织地对其他国家进行政治宣传和政治输出，妄图强加给别人自己的价值观和意识形态。此外，他们还向其他国家输出种族歧视、宗教仇恨等信息，企图全方位占领社会主义思想文化阵地。在这样的形势下，对公民的思想政治教育一方面要适应文化多元化的发展趋势，另一方面要在此基础上加强思想政治教育引导，充分尊重、肯定并发展学生的个性，促进公民的全面发展。

（三）国际形势

进入新时期以后，我国所面临的国际环境正在发生广泛而深刻的变化，这为我国公民的思想政治教育既带来了机遇又带来了挑战。

从整体上对国际政治形势的分析来看，和平与发展仍然是当今时代的主题，这已经成为当今时代不可逆转的发展趋势。美国超级大国的地位在经济危机、战争、财政赤字等负面影响下已经有所动摇，大国之间的关系逐渐朝多元化趋势发展，国与国之间就全球化与区域性合作展开交流，世界总体方向朝向和平发展，尤其是我国与其他国家一向和平共处，互相尊重，共同发展。和平与发展成了不可阻挡的历史潮流。

但是在和平与发展的时代主题下，仍存在很多问题，如霸权主义、强权政治等呈现新的态势，恐怖主义危害上升，领土争端引起的局部冲突等，为我国社会主义建设与发展带来了新的挑战。

二、当前大学生思想政治教育的机遇

（一）大学生思想政治教育的重要性更加突出

当今，世界范围内综合国力的竞争伴随着经济全球化和社会信息化浪潮的兴起更加激烈，而综合国力竞争说到底是人才竞争。我们不得不思考作为人力资源大国的中国在经济科技水平落后于其他西方发达国家的情况下，如何将人力资源转化为科技资源，将科技资源转化为经济资源，进而成为一个人力资源强国的问题。此外，我们还要在人力资源的开发过程中处理好科学文化素质和思想道德素质两者的关系。知识经济和信息技术的发展必然会更加凸显出社会道德及人的情感等精神因素构建的重要性。经济一体化的发展和知识经济的勃兴当然需要能站在世界前列的高科技人才和经济管理人才，然而，这并不意味着我们可以忽视思想道德素质方面的要求而只注重科学文化素质的提高。相反，塑造一大批德才兼备，具有高度社会责任感、爱国主义精神和创新精神的高科技人才在世界范围内综合国力竞争日益激烈的条件下显得更加迫切和重要。如果忽视了这一点，我们就会丧失经济和社会发展的强大精神动力，我们就会在人才高度流动的国际经济竞争中流失大量的人力资源。因此，我们必须在坚持科教兴国的同时，注重对人才素质全面发展的培养，正确认识思想政治教育在培养新时期具有国际视野、思想道德素质过硬的高素质人才工作中的重要作用，切实加强大学生思想政治教育的高效运行。

（二）大学生思想政治教育视野更加开放

1．大学生思想政治教育的时间视野更加开阔

经济全球化、社会信息化的发展前所未有地拓展了大学生思想政治教育的时间和空间，客观上要求我们具备一种宏大、开放的国际视野来重新审视大学生思想政治教育的理论和实践。大学生在经济全球化的大背景下处于一个空前开放的世界，他们的视野更加开阔，思想更加活跃、自由和开放。他们比任何时候都更加关心国际形势的变化和发展。经济全球化唤醒了他们的国际意识、竞争意识和进取意识，缩小了不同国家、不同民族之间的差距，同时也加深了不同国家、不同民族之间的联系和理解。这些都对大学生的思想状况产生了深刻的影响。西方国家的一些势力在经济全球化的发展进程中既想从中国获利，又想尽量抑制中国发展以长期保持自己的经济优势，延缓中国上升为世界强国的步伐，并企图利用经济全球化实现其"西化""分化"中国的政治图谋。以上这些现象都强烈地影响着大学生的思想，激发了他们的国家主权意识、民族认同意识和历史使命感，为新时期加强对大学生的国际意识教育和爱国主义教育提供了很好的契机。

2．大学生思想政治教育国际视野得到拓展

大学生思想政治教育时间和空间视阈世界性的拓展，一方面拓展了大学生的国际视野，激发了大学生的爱国意识；另一方面，为我们充分利用这种新境遇做好大学生思想政治教育提供了新的思维方式和理念。它告诉我们以开放的文化心态而不仅仅从本国的文化视野出发来对大学生进行思想政治教育，务必要在继承和弘扬中华民族优秀传统文化和党的优良传统的基础上坚持正确的政治方向，自觉地摒弃不能适应全球化发展趋势的观念、做法的同时，积极借鉴、吸收和利用其他国家大学生思想政治教育的有益做法和宝贵资源。经济发展要面向世界，精神文明建设同样也不能关起门来进行。在全球化背景下，大学生思想政治教育必须以开阔的视野和开放的胸怀来汲取人类文明的一切优秀成果和先进经验，在世界视野中推进大学生思想政治教育的改革与发展。大学生思想政治教育应该走出过去的教育模式，抛弃封闭性、强制性、排他性，坚持以正确的价值导向为前提，在思维方式、信息交换、内容拓展等方面更多地体现其开放性和兼容性。只有这样，大学生思想政治教育工作才能在建设社会主义精神文明的过程中将全人类创造的优秀文化成果为我所用，不仅使大学生思想政治教育走向现实、走向社会，同时使大学生思想政治教育面向世界、面向现代化、面向未来。

（三）大学生思想政治教育的载体更加丰富

随着现代信息技术特别是互联网的高速发展和日益普及，人类社会已经迈入"网络时代"，社会信息化的趋势愈加明显。以网络技术为核心的现代信息技术的迅速普及不仅推动了全球化的进程，还是全球化的重要表现之一，给大学生思想政治教育创造了新的载体。互联网作为 20 世纪人类最伟大的发明之一，是继报纸、广播、电视之后兴起的"第四媒体"，已成为当今世界信息传播的主流方式。与传统媒介相比，作为大众传播媒介的网络显示了自己的诸多特点和优势。

1. 多媒体化的传播手段

作为一种新的传播方式，网络同时具备人类现有的文字、图像、视频、音频等一切传播手段，也就是说网络整合和实现了报纸、广播、电视等传统媒介的所有功能。网络可以发挥多媒体技术手段的优势，使传播效果最优化。如交互性多媒体包括计算机软件、硬件和外部设备，融多种传媒的功能于一体，可以提供文字、声音、影像、数据和其他信息，可为大学生提供图文并茂的人机交互方式和演示、游戏、协商讨论等多种教育方式，以便激发大学生的学习兴趣和主动性。根据自身兴趣、爱好、知识经验、学习任务，大学生可以有选择地确定学习路径和内容，使学习方式、进度和过程变得相当个性化并易于接受。

2. 交互的传播方式

传播者和受众在网络上可以通过电子邮件和公告版、聊天室等方式及时沟通，实现信息的及时反馈，在全新的意义上实现了受众参与信息传播的全过程。

3. 高效的信息传播

信息在现代化条件下能随时更新、实时传播。与传统思想政治教育相比，网络不仅在承载思想政治教育的信息量、传播速度方面具有很大的优势，而且网络媒体的交互性和形象性对思想政治教育对象的吸引力也更高一筹。

4. 全球化的传播空间

2020年全球数字报告显示，网络已经延伸到了全球200多个国家和地区，超过45亿人使用互联网，社交媒体用户已突破38亿大关。信息从任何角落进入网络，都可以在瞬间传遍整个世界。网络消除了有形和无形的国家边界，使信息传播达到了全球的规模。由于网络没有地域上的限制，交互式远程教育为思想政治教育提供了广泛的传播途径，不同地点的高校学生，可通过网络共享思想教育资源。网络使家庭与学校对学生的思想教育连为一体。通过网络，家长可随时查询子女在学校的政治思想、学习生活等状况，学校也可随时与学生家长保持联系，做到家校结合，共同做好学生的思想政治教育。这样就使狭隘的教育空间，变成了全社会、开放性、立体化的教育空间。

总之，网络技术给大学生思想政治教育创造了迄今最为先进强大的信息载体。如何充分利用和开发网络载体，使网络成为传播大学生思想政治教育信息的新渠道和新阵地是当前推动大学生思想政治教育方法改进和载体创新的突出课题。

（四）大学生思想政治教育资源与内容更加多元

1. 大学生思想政治教育资源更加多元

随着信息技术的发展，大学生面临着一个开放的、丰富多彩的、可以尽情漫游的信息世界。与此同时，大学生思想政治教育者也可以更加便利地通过现代化信息技术去发现、收集、调用世界各种教育资源，将与学生实际联系紧密、富有实践性和启发性的先进教育资源运用到大学生思想政治教育过程中，以提高大学生思想政治教育的现代化和科学化水平，增强大学生思想政治教育的预见性、开放性和有效性。

大学生思想政治教育者还可以在网络进行互动，比如利用 BBS、QQ、微信等，从对话沟通中更为准确地把握教育对象的心理状态和思想动向。教育者对这些资源的掌握与开发越多，大学生思想政治教育就越有针对性和成效性。

2. 大学生思想政治教育内容更加多元

在全球化的大背景下，大学生思想政治教育内容新的生长点是如何在确保我国文化安全、确保和维护以马克思主义为指导的意识形态的主导地位的同时，增强人们的全球意识、开放意识、合作意识、生态意识和人类命运共同体意识等等。在社会信息化条件下，培养大学生的信息素养，增强大学生的信息意识和信息观念，提高他们对信息的收集、甄别、分析、处理、消化能力以及创新能力，这些也成为当前社会信息化条件下大学生思想政治教育的新内容。

在文化多样化的条件下，不仅要坚持和巩固马克思主义的主导地位，进一步加强大学生中国特色社会主义道路教育，而且要在大学生的通识教育中将中华民族传统文化中的精华和世界其他一切优秀文化中的有益成分结合起来，加强大学生对传统文化和西方文化以及人类历史上所创造的一切优秀文化的了解，全面提高大学生的人文素养和综合素质。

当代大学生思想政治教育环境的新变化表现在政治多极化、经济全球化、文化多样化、社会信息化、体制市场化等等。其中，文化多样化是政治多极化、经济全球化、社会信息化、体制市场化带来的必然结果。文化多样化一方面丰富了社会主义文化的内容，另一方面又给人们的思想观念和价值取向带来了巨大的冲击。这种新的环境更加凸显了大学生思想政治教育工作的极端重要性，拓展了大学生思想政治教育的国际视野，为加强和改进大学生思想政治教育提供了良好的载体，为大学生思想政治教育资源开发和内容拓展提供了良好契机。

三、当前大学生思想政治教育面临的挑战

在当今经济全球化、社会信息化、体制市场化和文化多样化的大背景下，大学生的思想政治教育工作在迎来新的机遇的同时，也面临着新的挑战。

（一）经济全球化为大学生思想政治教育带来的挑战

经济全球化本质上是市场全球化，对我国的直接影响是必将进一步推进市场经济的发展。市场经济作为一种符合规律性与目的性的活动，促进了人的主体性、创造性能力的发挥，挖掘了人的多种潜能。但任何事物都具有两面性，市场经济在推动社会发展的同时，也给人的全面发展尤其是大学生的全面发展带来了消极异化作用。

1. 带来系列生态问题

市场经济在给社会带来巨大物质财富的同时，也带来了能源枯竭、人口膨胀、环境污染、物种灭绝、温室效应等一系列生态问题，使人类面临前所未有的生态危机，扭曲了人与自然的关系。

2. 人的精神生活空虚

市场经济在物质文明提高的同时，享乐主义、奢靡之风的出现，在某种程度上已经暴露出现代人精神价值的失落。正是物质活动与物质需求的过分张扬以及它对精神活动与精神需求的排斥，最终导致人与崇高的疏离。人们无暇探求生活的意义与价值，强烈地追求感官的刺激，在人的物质性维度过度膨胀的同时，人

的精神性与伦理性在逐渐凋敝。市场经济的求利性诱发了拜金主义、利己主义、极端个人主义、消费主义等腐朽价值观念的出现，导致一些人生活没有目标、空虚寂寞，使人与自我的关系日益紧张。

3. 社会利益阶层分化，人际关系紧张

市场经济在带来效率的同时，也加剧了社会利益阶层的分化，人们在利益的驱使下，出现急功近利、道德沦丧、诚信缺失、人情淡薄等行为，人与人之间的关系被赤裸裸的金钱关系所取代。

4. 社会贫富差距拉大，腐败现象猖獗

市场经济作为一种效率经济，优化了资源配置，加速了资本、原材料、劳动力等资源的流动，但同时拉大了贫富差距，使处于弱势地位的个人的发展受到制约，腐蚀了人与社会的关系。

我国的高等教育面临着西方文化意识形态渗透的挑战，所谓的"普世伦理"对大学生的思想产生了不容忽视的影响。因此，在经济全球化进程中，我们在引导大学生充分认识、吸纳一切有益的、优秀的人类文明成果的同时，要高扬社会主义精神文明主旋律，注重理想信念教育，增强大学生对各种西方社会思潮辨析、甄别和抵御的能力。

（二）社会信息化给大学生思想政治教育带来的挑战

社会信息化对当代大学生思想政治教育的冲击是显而易见的，主要表现在以下几个方面。

1. 淡化了主流意识形态和主导价值取向在网络领域的主导地位

网络本身的开放性在很大程度上决定了网络行为具有很大的自由性，因此，网络中信息的发布、传播和接收行为被认为是一种私人通信行为。当下网络技术的迅猛发展为网络信息的发布创造了多样的可供自由选择的途径和手段，然而，网络行为的自由性在一定程度上为各种非法信息的滋生提供了一定的空间，还会导致一些常规的控制手段对网络行为失去效力。在网络传播中，正确的信息、中性的信息甚至错误导向的信息综合交织在一起，这种特点在人们的主体性、选择性不断增强的现代社会中很容易淡化主流意识形态和主导价值取向的主导地位。选择性的多样化造就了人们意识形态和价值取向的多元化，甚至，主流意识形态和主导价值取向的主导地位会被多元化所淹没。同时，信息网络的超越时空性特点，打破了国家、地域之间社会制度、意识形态的约束，很容易淡化国家、民族意识的趋向，对爱国主义和民族主义教育提出了挑战。

2．弱化了教育者在网络领域的权威性和主导作用

作为一种贯彻国家和社会意志的有组织有计划的系统教育活动，大学生思想政治教育具有信息权威性的特点，然而，信息网络化的发展及信息传播和获取的自由性、平等性、开放性特点无情地弱化了大学生思想政治教育的权威信息源的传统地位。尤其值得注意的是，虽然社会信息化使人们获取信息的条件发生了根本性的变化，但西方发达国家在信息技术和信息传播方面仍处于主导地位，它们总是企图把这种信息优势同意识形态渗透结合起来，打着"信息自由"的幌子，对信息技术相对落后的国家尤其是发展中国家传播有害信息，力图使网络成为其实现政治图谋的新工具。同时，英语是电子文本的最主要语言，互联网上大量的信息是出自西方国家的英文信息，西方的一些发达国家正是利用这一优势，在传播文化信息和控制舆论导向的同时，也源源不断地将它们的价值观念和生活方式倾销给别的国家和地区。这些都在一定程度上弱化了当代大学生思想政治教育主流价值观在网络领域的权威性和主导作用。

3．消解着教育对象在网络领域的主体性

人机交往与"网络沉溺"在一定程度上导致了受教育者道德冷漠和心灵扭曲，教育对象的主体性在网络领域消解。网络时代人与人之间的交往正逐步被人机之间的交往所替代，人在成为机器的附属物。与此同时，人对网络的过度依赖造成了人类生活的一种异化现象——"网络沉溺"。但是，机器毕竟只是机器，不具备人类所特有的思维、情感等人格化特征，因此，人机交往中缺乏人际交往中直接的思想、情感、知识、话语的交流与体验，这也就意味着很难形成一种平等互助、和谐相处的道德关系。从大学生思想政治教育对象的主体性的角度讲，受教育者

的自我主导性主要表现在自觉遵守思想道德规范、政治要求和法律法规以及积极的人生态度方面。在现实生活中，人们的言行举止都要受到行为规范、社会舆论及法律条文的约束。但在网络世界中，人们的身份、行为目标、行为方式等都能被隐匿和篡改，网上的各种角色虚拟到只能被视为能动的智能符号，网上行为的相对"自由"，为人的"劣根性"的滋长提供了土壤和空间，导致社会责任、法律观念、道德观念的淡薄，教育对象心灵扭曲，主体性丧失。这些都成为当代大学生思想政治教育必须面对的新问题。

（三）市场化给大学生思想政治教育带来的挑战

改革开放以来，一些反映时代特征和社会发展要求的价值观念伴随着社会主义市场经济体制的建立和完善在对广大青年学生的思想和行为方式产生了积极而广泛的影响的同时，也给大学生的思想发展和大学生思想政治教育带来了一些新的挑战。

1．市场经济给传统思想政治教育模式带来了挑战

传统的思想政治教育运行方式主要是与计划经济相适应的行政主导方式，它的运行方式适应了当时特殊的经济体制和社会组织形式的需要，也取得了一定的成效。然而，这种僵化而单一的思想政治教育运行方式随着市场经济体制的建立已经无法满足社会发展的需要了，尤其是无法满足思维活跃、独立自主精神逐渐增强的大学生群体。作为一种全新的经济运行方式，市场经济对大学生思想政治教育运行模式提出了新的要求，其领导体制和运行机制必须进行改革。

新时期，中国共产党的执政形式、执政任务发生新的变化，必须根据市场经济体制下大学生思想政治教育形势的新变化，对思想政治教育的运行机制进行改革，建立一套与之相适应的大学生思想政治教育运行机制，整合社会各方面的教育力量和资源，最终形成大学生思想政治教育的社会合力。

2．市场化体制的弊端引发一系列新问题

金无足赤，人无完人。市场化体制自身也有其弱点和缺陷。市场经济发展过程中所暴露出来的一些弊端，对大学生的思想发展产生了消极影响。市场经济自

身的弱点会引发自由主义、拜金主义、享乐主义、利己主义不同程度地存在，国外资产阶级腐朽思想文化乘虚而入，封建迷信和愚昧落后思想观念沉渣的泛起等，都会给大学生思想政治教育带来一系列的新问题。

市场经济自身的自发性、趋利性、盲目性等弱点和缺陷也诱发了一部分大学生的投机心理、功利主义倾向。比如，部分大学生中存在着注重个人利益、轻视社会责任，追逐物质享受、忽视精神追求，讲求现实体验、轻视长远责任，崇尚个性解放自由、忽视社会规范等现象。在行为方式上，一小部分大学生也出现了诚信缺失、恶性竞争等现象。这些新的动向，也需要有关部门和工作人员加以重视并给予正确引导。

3．给大学生意识形态和价值观念带来的新挑战

随着改革开放的深入和市场经济体制的不断完善，追求利润的最大化、两极分化以及个人主义、利己主义和享乐主义的负效应也日益暴露。改革开放以来，中国进行了一系列市场化取向的改革，带来了巨大的社会变迁，人们日常生活的方方面面都发生了极为深刻的变化，这种变化当然不可避免地会反映到高校中来。总体来看，学生群体中的价值观发生了较为明显的变化，以自我为中心、以利己主义为原则的价值取向在一些学生中有着较大的市场，这些都和我们高校思想政治工作所传播的、所要求学生具备的价值观产生了一定的冲突，在很大程度上抵消了高校思想政治工作的效果，大大增加了高校思想政治工作难度。

（四）文化多样化给大学生思想政治教育带来的挑战

文化是一个国家、一个民族或一群人共同具有的符号、价值观及规范，以及它们的物质形式。符号是文化的基础，是文化的表达形式，如语言符号、艺术符号、数字符号、科学符号等等。价值观是文化的核心，是文化的最高境界。规范是衡量行为和思想的准则，是价值观的具体体现，是文化的重要内容。在新世纪，大学生思想政治教育所面临的新境遇的突出特点之一就在于它的开放性和多元复杂性，各种不同性质的思想文化的相互激荡构成了大学生思想政治教育所必须面对的思想文化大背景。文化多样化给大学生思想政治教育带来的挑战主要表现在以下几个方面。

1. 挑战我国主流文化的主导地位

不断高涨的经济全球化浪潮和快速发展的信息化必然带来国际范围内不同思想文化之间更加激烈的碰撞。因为在任何文化的交流、碰撞中总是高势位文化掌握着交流的主控权，这种文化交流的一般规律决定了现实文化交流的不平等性。我国当代一部分大学生把好莱坞电影、韩国的电视剧、日本的动漫等纳入自己精神享用的范畴，而对我国的主流文化作品却少有问津。在当前世界范围内文化大交会的态势下，我国也客观地处于文化交流的劣势地位。这种劣势地位，使得我们在改革开放、吸收外来文化的过程中，难以避免各种西方文化霸权主义和文化殖民主义的影响。在文化激荡的条件下，如果不警惕这一点，帮助大学生树立起中华民族的文化自信，用社会主义核心价值体系构筑起一道坚固的文化防线，文化多样化就必然带来主流文化边缘化。

2. 挑战我国的核心价值观念

在我国，改革开放的实践丰富了人们的思想观念和价值观念，使其日益多元化、多样化。

（1）不同利益群体的不同价值观念挑战大学生的价值观。由市场经济的发展导致的社会流动性的增强和社会阶层的分化产生了不同的利益群体，而且，这些不同的利益群体都有各自不同的价值观念。如民营经济、私营企业、外资企业的从业者在价值取向上更注重竞争、经济效益，而国有企业、事业单位工作人员在价值取向上则更注重合作、社会效益等。在社会思潮领域中这种反映不同社会群体利益诉求的价值观念就会表现为各种不同的甚至错误的思想主张出现。当代大学生受到来自这些不同利益群体的不同价值观念的影响和熏染，必然会导致他们在价值取向上存在矛盾、迷茫甚至混乱等问题，增加他们进行价值选择的难度。

（2）对大学生鉴别、选择不同价值观提出新挑战。大众传媒的发展为不同群体的不同价值观念提供了各种表达传播的载体和渠道。在大众文化领域，以电视、网络为载体粉墨登场的流行文化、酷文化、星座文化、风水文化、鬼神文化等各种五花八门的亚文化难免鱼龙混杂、泥沙俱下。然而当代大学生又缺乏对这些亚文化的鉴别能力，一些人沉溺于流行文化的温柔乡，迷恋于星座文化、风水文化的非理性想象，于是逐渐疏离甚至背离了现实社会生活中积极的、正面的、健康向上的价值观。如何在利益群体多元化，表达路径多元化的条件下引导社会舆论，以社会主义核心价值体系统领多样的社会思潮和价值观念，帮助大学生学会在不同价值观中进行鉴别、选择，这是文化多样化给大学生思想政治教育提出的又一个挑战。

3．将弱化思想政治教育的文化整合功能

文化整合是各种不同的文化要素或类型相互适应、协调从而成为一个有机整体的过程。思想政治教育可以依靠自身的整合力量，经过文化选择和文化传播等手段，将不同的文化加以协调、归整，使得文化的各要素都有机地结合起来，为一定的社会成员所掌握，使社会成员在一定程度上共享相同的价值和思想观念。但思想政治教育的这种文化整合功能由于多元文化激荡而产生了一系列变化。当今社会随着各文化群体的成员主体意识的提升，要求尊重和学习不同文化特别是亚文化的呼声越来越高，这一切都促使已有的价值观念逐步发生变革，在很大程度上弱化了思想政治教育的文化整合功能。

世界文化的多元性是客观存在的，不以人的意志为转移。在先进文化的创新和发展中，已经融入全球化进程中的中国每天都与世界各国和各民族的文化交流和融通。在多元文化的影响下，当代大学生思想空前活跃，价值取向也呈多样化趋势，部分学生政治观念模糊，思想变得混乱，呈现多变性、动态性的特点。而大学生思想活动的多变性、动态性，又使得他们思想变化的结果更加复杂，不确定性明显增加，可预测性明显减弱，反复性更加突出。这些都加大了当代大学生思想政治教育工作的难度。

在新的环境和新的机遇面前，大学生思想政治教育工作在政治多极化、经济全球化、文化多样化、社会信息化和体制市场化方面迎来了全面挑战。

第三节　大学生思想政治教育理论创新的意义

一、大学生思想政治教育理论创新推动科教兴国、人才强国的战略的实施

《中共中央、国务院关于进一步加强和改进大学生思想政治教育的意见》（以下简称《意见》）强调指出，大学生是十分宝贵的人才资源，是民族的希望，是祖国的未来。因此，在新时期对大学生思想政治教育进行创新，"提高他们的思想政治素质，把他们培养成中国特色社会主义事业的建设者和接班人，对于全面实施科教兴国和人才强国战略，确保我国在激烈的国际竞争中始终立于不败之地，确保实现全面建设小康社会、加快推进社会主义现代化的宏伟目标，确保中国特色社会主义事业兴旺发达、后继有人，具有重大而深远的战略意义。"[①]

科教兴国是指以科学技术为第一生产力，坚持教育为本，把科技和教育摆在经济、社会发展的重要位置，增强国家的科技实力及向现实生产力转化的能力，提高全民族的科技文化素质，把经济建设转移到依靠科技进步和提高劳动者素质的轨道上来，加速实现国家的繁荣昌盛。人才强国的核心是人才兴国，人才是国家兴盛的依赖，依靠人才的发展，使国家的核心竞争力和综合国力得以大力提升。

科教兴国和人才强国战略的制定和实施，是依据当前的国情要求而做出的重大决策。改革开放以来，"中国速度"创造了世界经济发展的奇迹，中国经济的持续高速发展受到全世界的瞩目。而经济的迅猛发展，伴随而来的是社会对人才需求的急剧增长，国家要保持持续高速的发展，就必须解决人才问题。中国共产党对世界近代以来特别是当代经济、社会、科技发展的趋势和经验进行了科学的分析和总结，并对未来科学技术尤其是高科技发展对综合国力、社会经济结构以及现代化进程的影响进行了充分地估计，在对国情进行科学分析的同时，清楚地意

[①] 教育部社会科学司. 普通高等学校思想政治理论课文献选编（1949—2006）[M]. 北京：中国人民大学出版社，2007：202.

识到，只有依靠科技进步和人才的培养才能实现国民经济的持续、健康和快速发展，才能加快经济增长方式的转变。

科教兴国和人才强国战略的实施，对加快社会主义现代化建设，推动中国特色社会主义事业的不断向前发展有着重要的意义，而人才在科教兴国的战略以及人才强国的战略实施中都发挥着举足轻重的作用。为此，邓小平从改革开放的全局出发，对人才问题的重要性进行反复的强调，他说："改革经济体制，最重要的、我最关心的，是人才。改革科技体制，我最关心的，还是人才。"[①]他强调人才是最宝贵的资源，是第一要素，从战略的高度提出人才在改革开放的各项事业中的极端重要性："正确的政治路线要靠正确的组织路线来保证，中国的事情能不能办好，社会主义和改革开放能不能坚持，经济能不能快一点发展起来，国家能不能长治久安，从一定意义上说，关键在人。"[②]习近平总书记也曾指出，人才是第一资源，古往今来，人才都是富国之本、兴邦大计。

无论是科教兴国的战略实施，还是人才强国的战略实施，都要重视教育的地位，要将其摆在首位。科教兴国、人才强国是以人才为核心，而人才的培养则依赖于教育。教育在民族和国家的创新能力提高中，以及高素质的人才培养中，发挥着不可替代的作用。邓小平同志对教育事业一直都十分重视，他指出："不抓科学、教育，四个现代化就没有希望，就成为一句空话。"[③]习近平总书记也强调，教育是国之大计、党之大计。教育兴则国家兴，教育强则国家强。今天，没有哪一项事业像教育这样影响甚至决定着接班人问题，影响甚至决定着国家长治久安，影响甚至决定着民族复兴和国家崛起。

人才的培养依赖于教育，而思想政治教育则是教育的重要组成部分，科技的发展需要高素质的人才，其中最为根本的一条是思想政治素质。我们要培养的是德智体美劳全面发展的人才，"德"是第一位的，是首要、是方向。因此，教育事业，不仅包括知识和技能的培养，而且包括思想政治素养的提高；教育作为一项

---

① 邓小平文选（第三卷）[M]．北京：人民出版社，1993：108.
② 邓小平文选（第三卷）[M]．北京：人民出版社，1993：380.
③ 邓小平文选（第三卷）[M]．北京：人民出版社，1993：68.

25

系统工程，既要重视科学文化知识教育，也要重视思想政治教育。站在这个角度，我们必须对新时期大学生思想政治教育进行创新，以适应经济社会不断发展的人才要求，满足科教兴国、人才强国的战略需求。

二、大学生思想政治教育理论创新推动大学生健康成长成才

改革开放以来，中国社会主义现代化建设在迅猛发展的同时，也出现了许多问题，这些问题对新时期大学生的思想状况产生了不同程度的影响。社会主义市场经济是同社会主义基本制度紧密结合的，是同社会主义精神文明紧密结合的，它必须充分体现社会主义基本制度的要求，充分发挥社会主义的优越性。虽然实践证明，发展社会主义市场经济对社会各方面都有着积极的作用，但也不应忽视其弱点和消极方面，如趋利性、自发性等，这些也会在道德生活中体现出来，进而反映到人际关系上，并进一步诱发拜金主义、享乐主义、极端个人主义等消极现象，这些会成为社会主义道德建设的阻碍因素，对社会主义市场经济的良好发展造成不利影响，更会对大学生的健康成长成才带来负面效应。

国家大力发展高等教育，全国普通高校大学生的招生数量大幅扩增，已经是扩招前的数倍，这种量的快速增长在为国家提供更多人才，提高人民科学文化素质、思想道德素质等的同时，也带来了不少问题。例如，随着大学生毕业人数的激增，大学生就业问题越来越突出，专业课学习以及将来的就业导向成为学生学习的重要目标，进而忽视了思想政治素质的培养。学生数量快速增长，而专业设置和教学改革却不能很好地随着时代的要求而变化，这对学生的健康成长成才造成一定影响。同时，高校学生数量的增多使大学生思想政治教育的工作任务加大，而负责思想政治教育工作的人员并没有随之增多，以致思想政治工作很难做到深入、细致和认真。为此，新时期大学生思想政治教育必须在各方面进行改革创新，通过创新，更好地推进工作，以跟上时代的步伐，满足学生的实际需要，改变大学生对就业期望值过高的思想，使学生踏踏实实地安心学习，通过积极参与各种活动来提高自身的专业素养、政治素养和道德素养，从而更好地完成思想政治教育工作任务。

三、大学生思想政治教育理论创新促进构建社会主义核心价值体系践行

社会主义核心价值体系是社会主义意识形态的本质体现，是中国共产党的价值观。社会主义核心价值体系主要包括马克思主义指导思想、中国特色社会主义共同理想、以爱国主义为核心的民族精神和以改革创新为核心的时代精神、社会主义荣辱观。社会主义核心价值体系的进一步构建要求我们必须不断地推进新时期大学生思想政治教育的创新。高校是培养人才的基地和摇篮，在这里，国家和社会能源源不断地获得所需要的高层次人才。大学生是祖国的未来，是民族的希望，高校培养出来的大学生，必须是各方面全面发展的高素质人才，不仅要有良好的科学文化素质，而且要有较高的政治和道德觉悟，因此高校必须承担起思想政治教育责任，把思想政治建设摆在首位，加强和改进大学生思想政治教育工作的创新，引导师生树牢"四个意识"，坚定"四个自信"，坚决做到"两个维护"，培养马克思主义和中国特色社会主义的坚信者和捍卫者，培养认同和坚守社会主义核心价值观的有用之才，这样才能使 21 世纪的中国拥有良好的精神面貌，才能真正培养出中国特色社会主义事业的合格建设者和可靠接班人，从而推动社会主义核心价值体系的进一步构建。

第二章　大学生思想政治教育的理念拓展

第一节　以　人　为　本

一、以人为本的科学内涵

了解以人为本的科学内涵，我们必须厘清以下关系：第一，以人为本与民本思想。民本思想源于中国古代，最典型的代表观点有孟子"民贵君轻"的思想以及唐太宗李世民提出的"水能载舟，亦能覆舟"的思想。但"民"不等于"人"，应该说，在历史发展中，"民"是有着不同的含义的。在古代，"民"是相对于"君"而言的，或者说是相对于统治者来说的，亦即被统治者。民本思想虽然强调要重视"民"，但绝不是要以被统治者为根本，最终还是强调维护、实现统治者的统治和利益。至于"人"，不管是作为以"神本思想"为对立产生的"人本思想"，还是作为以"以物为本"为对立产生的"以人为本"思想，其所涉及的人，都是泛指的人，其所强调的，都是要实现人的价值和幸福。第二，以人为本与以个人为本。正确理解以人为本，不能把它理解为以个人为本，更不能理解为以自我为本。以人为本中的人最终当然要落实到个人，但这里的"人"不是指单纯的个人或少数人，而往往是指大多数人，甚至是全人类，如果把这里的"人"理解为一个人，即我自己，就会犯个人本位主义的错误，就会陷入利己主义和自我中心主义的泥潭。第三，阶级社会的以人为本与社会主义社会的以人为本。这两者存在着本质区别。这种本质区别体现在"人"上。马克思主义不仅深刻揭露出资本主义社会剥削人和压迫人的本质，而且也指明了解放人和人类的光明道路。

在社会主义社会，以人为本具有以下本质内容和规定：

第一，以人作为世界的根本，而不是以神、物等作为世界的根本。"人"不是单个人，不是少数人，而是绝大多数的人，甚至是全人类。

第二，以人作为实践的根本。"人是万物之灵"，劳动是人之为人和人异于其他动物的最根本之处。实践是人所特有的"对象化"活动，只有人民群众才是历史的创造者，才是历史的真正主人。只有在社会实践活动中始终依靠人民群众，充分调动人民群众的积极性、主动性、创造性，才能推动改造世界、改造社会的历史进程，促进社会的发展。

第三，以人作为价值的根本。人不仅是实践的主体，更是价值的主体，是实践主体与价值主体的统一。人们实践活动的目的就是为了实现人的价值，满足人的利益和需要。

以人为本理念的核心是指人类所有行为的出发点以及归宿点都可归结为人的生存、安全、自尊和自我实现等内在需求。基于人本理论的教育理念，注重对人本身的尊重，注重对人性的正视。这种教育理念旨在发掘人本身的潜能和智慧，并唤起和培养人的自由意志与民主精神，通过对人的潜能的发现与提升，最大限度地调动人本身的积极因素，从而使其活力和创造性发挥出来，自身得到完善而全面的发展。人本理论的基础是传统的人本主义哲学，其动力来自人本主义心理学。人本理论认为：教育的过程中应该充分注重受教育者的"自我"意识，以受教育者的人性为本位，将实现"完整的人"作为教育的最终方向。这种教育思想对我国大学生思想政治教育具有重要的启示和借鉴意义。

综上所述，社会主义中国所说的和正在实践的以人为本，"人"不仅是指个人，还指群体，不是少数人，而是绝大多数人；它不仅强调满足人的自然需要，更强调满足人的社会需要；不仅强调满足人的物质需要，也强调满足人的精神需要。因此，以人为本就是以人民群众为本，这是作为无产阶级先锋队组织的中国共产党的根本宗旨的集中体现，也是全面建成小康社会的题中应有之义。

"人是万物的尺度"，是最宝贵的财富。大到实现我国现代化的宏伟目标，小到实现每个群体的具体目标，关键都在人，在于人的思想解放、观念更新的程度，在于人的思想道德、科学文化素质的提高，在于人的积极性和创造性的发挥。同时，国家、社会、群体的发展与利益最终都要落脚到实现人的发展、人的利益上，大学生思想政治教育最终也要落脚到激励人们为实现自己的人生价值而奋斗。因此，可以说，人既是大学生思想政治教育的对象，培养大学生成为"人"更是大学生思想政治教育的目的。大学生思想政治教育要尊重人、理解人、关心人，最终就要落实到促进人的全面发展、满足人们的物质生活和精神文化发展需要、实现人民群众的根本利益和价值上来。大学生思想政治教育说到底是为了实现人的发展、人的价值和人的利益。因此，以人为本是大学生思想政治教育的本质要求。

二、以人为本的本质要求

以人为本对人类社会活动的各个领域普遍有效，但具体表现形式各不相同，因而它必须同各个领域的实际情况结合起来。以人为本在大学生思想政治教育领域的本质要求，强调要突出人的发展，人是教育的中心，也是教育的目的；人是教育的出发点，也是教育的归宿；人是教育的基础，也是教育的根本。

大学生思想政治教育以人为本就是要把人作为大学生思想政治教育的出发点和落脚点，把大学生看作具有独立个性和特定观念的主体，在教育过程中重视启发引导大学生的内在的教育需求，通过调动和激发人主动学习和发展的积极性、主动性、创造性，使学生自觉树立起科学的世界观、人生观、价值观，形成正确的思想道德素质和高尚的道德品质，促进身心的全面发展，从而使他们真正成为合格的社会主义现代化事业的建设者和接班人。

（一）调动大学生的积极性，充分发挥实践主体在实践活动中的能动作用

积极性，是指人的主观能动性在实践中的外在表现，它从本质上反映了人们在思想政治上的精神状态，劳动工作中的基本态度，以及社会活动中的事业心、责任感。在民主意识、平等意识、自主自强意识、价值意识不断增强的今天，要充分调动人的积极性，首先必须满足人们自我尊重的需求。尊重人的思想，尊重人的人格，尊重人的个性，尊重人的创造。

大学生思想政治教育是社会发展的要求，也是广大受教育者自我生存、自我发展的要求。大学生思想政治教育本质上应当是个体人格和思想政治品德的构建过程，是受教育者个体与社会规范要求的互动过程。然而，现实中的大学生思想政治教育却在一定程度上已经成为教育者对受教育者人格和思想政治品德的单向作用过程。要改变这一状况，就应该顺乎受教育者的接受机理和内在需求，着力

贯彻人本原则的精神，发挥受教育者在接受教育过程中的主动作用，激发大学生接受思想政治教育的主体性。

以人为本原则倡导以人为中心的大学生思想政治教育理念，它所要求的大学生思想政治教育培养的对象，不仅仅是一个劳动者，而且是具有明确奋斗目标、高尚审美情趣、既能创造又能懂得享受的主体。而当前大学生思想政治教育普遍存在缺乏实践中介、过于认知化的问题。由于缺乏实践中介，主体能动性未能得到有效发挥，思想政治品德规范不能内化为个体信念，导致"知而不信"；个体信念又不足以外化、支持、指导个体行为，导致"言而不行"。这种大学生思想政治教育获得的是"关于思想政治品德的知识"，而不是人的内化的精神和德行发展。在受教育者主体意识不断增强的今天，只有从受教育者自身的实际出发，调动人们的积极性，充分发挥实践主体在实践活动中的能动作用，大学生思想政治教育才能取得更佳效果。

（二）促进大学生的全面发展，以培养"四有"新人作为大学生思想政治教育的根本

促进人的全面发展是马克思主义关于建设社会主义新社会的本质要求。我们党的最高纲领是实现共产主义，最终实现人的彻底解放和全面发展。1986年9月，党的十二届六中全会通过《中共中央关于社会主义精神文明建设指导方针的决议》，把"四有"人才的培养模式作为精神文明建设的根本任务载入党的文献。《决议》指出：社会主义精神文明建设的根本任务，是适应社会主义现代化建设的需要，培育有理想、有道德、有文化、有纪律的社会主义公民，提高整个中华民族的思想道德素质和科学文化素质。"四有"新人是未来社会"人的全面而自由发展"的终极目标与社会主义初级阶段人的发展特点相结合的具体化，是符合我国基本国情的人的发展标准和规格。"四有"作为社会主义初级阶段人的发展的四个维度，"分别从政治素养、伦理素养、知识素养、行为素养等方面对社会主义新人提出了严格要求"。促进人的全面发展，培养社会主义"四有"新人，不仅是社会主义社会发展的需要，更是人的根本需要和利益所在，也是大学生思想政治教育的本质要求与根本任务之所在。

（三）全面满足大学生的物质、精神生活需要

马克思曾精辟地指出："人们奋斗所争取的一切，都同他们的利益有关。"[①]从根本上说，大学生思想政治教育就是要用先进理论武装人们的头脑，提高人们的思想认识，调动人们的积极性，激发人们的主体性和创造潜能，教育和引导人们为实现自己的利益而奋斗。

当前，我国正在进行一场极其深刻的社会变革，必然涉及人们相互关系、利益格局的变化与调整。只有重视人的物质生活需要，贯彻物质利益原则，才能从根本上调动人的积极性。在满足人们基本物质生活需要的前提下，还要满足人们多方面的精神需要，如归属与爱的需要、尊重的需要、自我实现的需要等。在满足人的各种需要的同时，要注意加强马克思主义世界观、人生观、价值观教育，引导人们正确认识自己的利益，正确处理国家、集体和个人利益的关系，引导人们从低级需要向高级需要过渡。要看到个人需要与社会需要的满足是一个问题的两个方面。大学生思想政治教育要把尊重个人与服务集体，个人发展与社会发展，坚持原则性与尊重人、理解人结合起来，把统一要求和因人施教结合起来，把灌输正确的思想意识和自我教育结合起来，不断提高人们的思想道德素质，满足人们思想道德发展的需要。

此外，以人为本在方法上也对大学生思想政治教育提出了更高的要求。以人为本的大学生思想政治教育要做到教育者与受教育者在民主、平等、和谐、合作中相互作用、相互促进、教学相长、共同提高，这就要求教育者要尊重人、理解人、关心人。尊重人就是要尊重人的需求、兴趣、创造和自由，要平等待人，在平等的基础上双向互动，进行思想沟通，求同存异。理解人就是要充分考虑人的内在心理需要。人的内在心理需求是接受外部教育影响的根本前提，大学生思想政治教育的内容只有经由各种教育渠道进入人的视野，满足人的心理需要，才能促使个体通过各种途径去接受和践行。关心人主要是要关心人们的生活，关注人们的现实需求，通过感受、体验、感染，使人们在情感共鸣和潜移默化中转变思想观念，提高思想认识。全面发展以人为本的最终归宿在于促进人的全面发展。

[①]马克思恩格斯全集（第一卷）[M]. 北京：人民出版社，1956：82.

人的全面发展问题，是一切工作的中心问题，这个方面解决得好与坏，直接关系到经济社会发展的全局。四个现代化的前提、基础和根本在于人的现代化。没有人的现代化，就不可能有整个社会的现代化。大学生思想政治教育承载着培养社会主义合格建设者和可靠接班人的历史重任，是造福千家万户的民心工程，必须以人的全面发展作为其基本理念。

第二节　开 放 育 人

一、开放育人的内涵

开放育人理念是对整体育德理念的进一步深化和发展，它涵括了整体育德的基本精神，强调的是一种开放性、统一性、综合性的育人理路。学校教育，育人为本；德智体美，德育为先。在开放的环境中育人育德，是当代大学生思想政治教育的基本特征。我们要科学理解当代大学生思想政治教育开放育人的丰富时代内涵，通过卓有成效的工作推动当代大学生在日益开放的环境中健康成长，始终保持坚定正确的政治立场，努力成长为面向现代化、面向世界、面向未来的优秀人才。

开放不仅仅指的是空间上的广延性，也指时间上的连续性，同时也涵盖了事物与事物之间的内在关联性。开放首先突出的是学校内部要形成一个合力育人的自由开放环境，这主要体现在以下几个方面：一是所有的课程之间要互相开放，充分挖掘各门功课中的育人资源，并且能够保持育人的一致性和协调性；二是管理部门、教学部门和服务部门都要担当育人的职责，即做到管理育人、教书育人和服务育人的有机统一；三是教学和科研要统一起来，所有的教师要形成互动开放，共同交流和研究人的成长发展规律和如何育人的规律，把培养人作为一项事业来抓；四是学校的一切可利用的资源要能够向广大学生开放。其次，开放意味着学校之间、学校与社会之间要保持紧密的联系，要相互开放，充分利用不同学校的资源，扬长避短、互通有无、调剂余缺；同时，在学校和社会之间要形成互动，充分利用社会的实践舞台，最大限度地发挥学校的主导和协调作用，让学生

新媒体视野下大学生思政教育创新探索

在学校中接受教育，同时在社会实践中经受锻炼和考验。再次，高等教育要面向世界，瞄准世界教育发展的总体趋势，密切关注世界新的教育理念，加强同世界其他国家，尤其是发达国家高校的经常性学术和思想文化交流，积极推进双向合作和联合办学。不同的办学理念、不同的文化底蕴、不同的生活方式要相互开放。最后，开放，更意味着要面向未来，要在已有经验的基础上对未来的发展趋势做出科学合理的预测，前瞻性地做好我们当前的工作，为未来培养合格的人才。

开放育人强调的是一种大的视野和思路，突出多角度和多层次来培养人，把"培养什么人，如何培养人"放在一个宏大的背景下来观照。大学生思想政治教育以开放育人为科学理念，立足于开放的环境，着眼于开放性的人，采取多样化的手段、方式、途径，进行全方位育人、全过程育人、全员育人，同时强调育人的动态性、发展性、整体性、系统性和协调性。从微观方面来看，大学生思想政治教育是以大学生为主体和中心的，是否贴近社会生活的实际，是否贴近大学生的生活，都将在一定程度上关系到大学生思想政治教育的针对性和实效性。大学生思想政治教育要坚持开放育人的理念，就必须关注大学生微观层面的情况，向大学生内部开放，也就是要深入大学生发展的实际，深入他们的生活，深入了解他们的人生发展，努力解决大学生的实际问题，把解决思想问题和解决实际问题有机统一起来，积极推进大学生向自我教育、自主管理、自我发展转变。开放育人的理念，关涉宏观和微观、国内和国际以及现实与未来等多个层面的考量。

开放育人的主要特征是：相互关联性、共同发展性、全面系统性。所谓相互关联性，就是指站在育人为本的高度，充分挖掘一切育人资源之间的内在联系，从而打破以往在育人上"分而治之"的壁垒，强调发挥它们的育人合力；所谓共同发展性，是指教育的改革与发展要紧跟世界教育发展的走向，教育的改革与发展要同学生的学业与人生发展形成双向互动，以达到共同发展，让教育的发展成果及时地惠及广大学生，同时也让学生的发展诉求和特点成为新一轮教育改革的内在原动力；所谓全面系统性，就是强调把育人当成一项神圣的事业来抓，着眼于校内一切资源的整合性、校际互补互动、学校与社会之间的相互沟通、面向世界和未来的学校教育和发展，进而体现了全面育人、系统育人的思路。

二、开放育人的现实基点

坚持开放育人，是大学生思想政治教育在新的形势下增强其吸引力和感染力、针对性和实效性的一个重要思路。大学生思想政治教育是做人的工作，是做人的思想的工作，从本质上讲是以社会实践活动为基础的思想、感情、精神活动的双向互动过程。思想的交流与沟通是其重要的表现形式。然而，当代大学生思想活动的开放性明显增强，思维的拓展性、发散性、深入性不断提升，与此相适应，大学生思想政治教育在方式方法和育人模式上也要体现开放性理念。同时，大学生所处的社会环境发生了重大变化。信息社会的到来，互联网成了人们获取信息的主要渠道，学校内部、学校与社会生活、不同学校之间、不同国家之间的联系更加紧密，互动开放性加强。这从一定程度上也要求大学生思想政治教育要转变思路，体现开放性和统一性要求。另外，高等教育出现了大众化和国际化的发展趋势，教育向公众开放，接受教育的群体呈现出不同的层次和结构，大学之间的国际交流与合作出现了迅猛发展的势头，高等学校向综合化、国际化办学迈进。国内外形势的新变化和高等教育的新发展，是当代大学生坚持开放育人理念的现实基点。

（一）大学生思想活动的开放性

大学生，其生理发育基本成熟，心理发育趋于稳定。在大学阶段，随着专业课学习和社会实践经验的积累，大学生的自我意识不断增强，对自身的认识以及自身与周围环境之间的联系的认识不断深化；理性思维能力大大提高，进入了以逻辑思维为主的思维阶段，间接感知能力也同步提高；情感意识也获得了较大增长、体味亲情、注重友情、追求爱情，情商获得较大提高。所有这些，都促成了他们变动不安的思维活动。大学生站在学校与社会的交接点上，对社会、对人生的未来发展抱有无限的遐想。他们思想活跃、斗志昂扬、朝气蓬勃、敢想敢干、勇于批判、勇于创新、不断超越，思考问题能够多角度切入、系统性把握，不拘泥于一人一事、一时一地。他们不屑于盲目附和别人，有主见，能够自主判断，崇尚个性，看待问题有自己的独到见解，不盲从、不唯上、不信邪。他们生活在改革开放、经济全球化的大背景下，能够不断地解放思想、开拓创新、与时俱进，而不会思想僵化、墨守成规、故步自封。他们的眼光总是指向未来，他们的思想总是联系现实生活。大学校园是他们放飞理想、成就梦想的精神园地，丰富多彩的校园文化是他们开放性思想活动的具体展现，也进一步激发了他们思想活动的拓展和深入。思想活跃、敢于创新，是当代大学生的显著特征，因此，承担着塑造人之灵魂责任的大学生思想政治教育者，应以一种开放的心态、包容的胸襟，采取多种途径和方式来启迪人、培养人和发展人。

（二）现代社会信息环境的复杂多样性

人们的思想活动源于人们所处的环境，环境塑造人。大学生思想活动的开放性从根本上取决于他们所处的社会环境的开放性以及接收信息的复杂多样性。现代社会，任何一个国家都不可能孤立存在，都是在与其他国家的交往中发展的。改革开放以来，中国的命运和世界的命运紧紧地联系在一起，世界上发生的重大事件都会对我国产生一定的影响。就国内来看，随着对外开放的不断深化、社会主义市场经济的深入发展，我国的社会经济成分、组织形式、就业方式、利益关系和分配方式日益多样化，人们思想活动的独立性、选择性、多变性和差异性日益增强。我国正处于经济转轨、社会转型的历史性时期，也是矛盾频发时期，人们的思想观念发生了重大变化。整个社会风气的好与坏都会在大学生的头脑中得以反映，也促使他们的价值取向、理想信念、道德标准、心理倾向发生不同程度的改变。同时，信息时代的到来使互联网成了人们获取信息的主要渠道，大学生上网成了业余生活的主要休闲方式，信息由历时性传播向共时性传播转变，大学生获取信息的速度加快、数量增多、性质多样化。互联网上的信息充斥着大学生的头脑，五花八门的图片、视频让大学生眼花缭乱。其中有很多不健康的，如色情、暴力和凶杀的图片和视频严重地毒害着他们的心灵，还有一些反党、反政府、反人民的宣传信息通过互联网兴风作浪、蛊惑人心。另外，西方资本主义国家也利用其高科技和互联网的优势，通过网络来传递它们的价值观和生活方式以及一些腐朽没落的文化。所有这些，促使我们要进一步更新大学生思想政治教育观念，主动适应信息社会的开放环境，积极利用互联网这个重要载体来增强思想政治教育的吸引力和感染力。

（三）高等教育的大众化和国际化发展趋势

随着高校扩招政策的推行，高等教育的大众化和普及化趋势日益明显，高等教育由精英教育向大众教育转变。近年来，大学教育的社会化倾向不断发展，教育与社会、与生活的结合越来越突出，在大众化教育的影响下，接受高等教育的群体不断扩大，其年龄结构、职业模式、文化素养等都呈现出多样化的特性，他们在价值观念、思维模式、人生追求、生活方式等方面都会出现差异甚至对立和冲突。不同的职业和身份导致的各种思想观念在大学校园中激荡，必将对原有的大学教育模式带来巨大的冲击。因而，大学生思想政治教育必须分清层次、区别对待，同时要探索不同教育方式和途径之间开放融合、协调一致的方法。大学生思想政治教育要体现开放性、包容性、选择性和层次性，把握好不同的教育理念之间的互动效应，推进育人工作的综合性发展。

随着经济全球化的到来，中国教育开始走出国门走向世界，出现了高等教育的国际化发展趋势。习近平总书记曾指出："当今世界，人类生活在不同文化、种族、肤色、宗教和不同社会制度所组成的世界里，各国人民形成了你中有我、我中有你的命运共同体。"在经济全球化不断深入的趋势下，世界各国之间的经济发展紧密相连，不同思想文化之间的联系也更加密切。每种文化都有自己的价值，都是人类的精神瑰宝，通过彼此的交流、借鉴、融合，人类历史的文化画卷愈加绚丽多姿，人类文明宝库更添财富。

民族教育的着眼点在于推进民族文化的现代化，这加剧了各民族之间、人与人之间、文化与文化之间以及人与社会、人与自然之间的矛盾和竞争。而人类教育的着眼点则在于推动全人类文明的进步、合作与和谐。人类教育以尊重人性，开发人的潜能和价值，激发人的创造热情，促进文明和文化之间的交流与合作，增进人的身心和谐、社会和谐和人与自然和谐为基本理念。高校是对外开放的桥头堡，不同国家高校之间的交流与合作，是架起不同文明互促互动的桥梁。在这个过程中，文化的多样性和文明的冲突不断凸显，不同文明和文化之间的相互激荡日益加剧，西方资本主义国家以文化交流为借口，兜售它们的价值取向和生活方式。大学生思想政治教育担负着"培养什么人、如何培养人"的神圣使命，要有兼收并蓄、海纳百川的气魄，尊重文化的多样性，同时要坚持马克思主义思想的主导地位，坚持弘扬中国特色社会主义和中国梦的时代主旋律，坚持"以我为主、为我所用、辩证取舍、择善而从"的方针，达到古为今用、洋为中用的效果。

三、开放育人的实践路径

开放育人是人的发展、社会的发展以及高等教育的改革与发展向我们提出的新的要求。当代大学生思想政治教育要牢固树立开放育人的理念，架起学校与社会联系和沟通的桥梁。坚持学校向社会开放、学生向社会学习的理念方针，通过深入细致的社会实践活动，让学生将学到的知识和本领及时地在社会中得以运用，达到学以致用、学用结合、以用促学的良性循环；充分利用现代高科技手段，主动占领网络和舆论平台，建立大学生思想政治教育特色网站，引领大学生受到积极正面的思想教育和启迪；开展面向世界和未来的教育，学校要向世界开放，为未来培养人才，增强大学生的国际意识，培养他们的国际眼光和国际人才素质，促使他们思考人生方向和社会发展的长远走势，前瞻性地发展自我。

（一）开拓实践育人的新局面

社会实践是大学生思想政治教育的重要环节，对于促进大学生了解社会、了解国情，增长才干、奉献社会，锻炼意志、培养品格，增强社会责任感，具有不可替代的作用。社会实践，是大学生了解社会的重要渠道，为大学生砥砺自我、成长成才提供了广阔的发展平台。社会实践是连接学校和社会的桥梁，是学校向社会开放、学校与社会互动发展的中心环节。大学生思想政治教育既是一门学问，又是一种活动，还是一项事业。作为一种活动和一项事业，它要通过开展社会实践活动，把大学生思想政治教育同社会联系起来，同我国整个社会主义现代化建设的伟大事业联系起来；通过大学生从事社会实践活动的实际表现来反观、反思大学生思想政治教育在整个社会主义现代化建设中的实际价值呈现，进而更好地推进大学生思想政治教育工作的改革与创新。

社会实践活动使大学生通过自身行动为社会做贡献，使大学生在社会实践中受教育、长才干、增强社会责任感，升华生命的价值与意义，是一种实践育人的思路。我们要积极探索和建立社会实践与专业学习相结合、与服务社会相结合、与勤工助学相结合、与创新创业相结合的管理体制，增强社会实践活动的效果，培养大学生正确的劳动观念和职业道德。通过社会实践锻炼，让大学生了解周围的人和事物，懂得关心他人，懂得心系祖国现代化建设大业，进而更好地认识自我，更全面地充实和完善自我，正确地定位自我，合理地发展自我。通过社会实践，大学生思想政治教育能够更好地同大学生的实际生活及其自我内在的发展贴合起来，从而提升大学生思想政治教育的吸引力和感染力，增强育人的针对性和实效性。

（二）推动网络思想政治教育的新发展

网络是高科技发展的产物，现已成为信息时代的一个基本标志。在当今社会，互联网作为人们获取和传递信息的主要载体，渗透在社会的每一个角落，联系着学校与学校、学校与社会、学校与世界，联系着每一个人。互联网以其巨大的辐射性和延伸功能显示了无穷的吸引力，成为大学生学习、娱乐和休闲的主要方式。信息发布和传播的平等性和开放性，使得网络上充斥着各种各样、多重性质的信息流，如果积极正向的思想政治教育不去占领，不健康的信息就会占领大学生的心灵，对大学生的身心健康构成巨大的威胁。但我们也可以看到，网络并非是有害而无利的，对于思想政治教育工作而言，网络时代，挑战与机遇并存。网络辐射面广、影响力度大、公众效应强，是一种很好的教育手段，如远程教育、网上授课、多媒体教学，都在一定程度上推动了教育的发展与创新。

我们要主动出击，占领网络思想政治教育新阵地，唱好中国特色社会主义新时代主旋律，为大学生树立正确的价值导向、始终坚持坚定正确的政治方向提供必要的指引；同时，积极建立一些有特色、讲个性、立新意的大学生思想政治教育网站，宣传先进思想、树立先进典型、倡扬良好风尚，增强吸引力和感染力，推进先进文化建设，从根本上提升大学生的网络信息辨别力和免疫力，有效抑制不良信息在网络上滋生蔓延。另外，要加强校园网建设，利用校园网为大学生学习、生活提供服务，对大学生进行教育和引导，不断拓展大学生思想政治教育工作的渠道和空间；同时，密切关注校园网动态，及时了解大学生思想和心理状况，及时发现他们的意识动向、存在的心理问题和实际生活问题，加强同大学生的网上沟通和交流，对出现的问题及时解决，对不正确的思想动态及时修正和引导。总之，我们要采取灵活多样的方法，优化网络育人环境，培育洁净的网络文化空间，引导当代大学生科学利用网络，文明上网，健康发展。

（三）拓展大学生思想政治教育的国际视野

信息技术普及化和经济全球化的迅猛发展，将世界的每一个角落都彼此联系起来，世界变成了地球村。高等教育院校作为传承文明、培养人才的重要基地，成为向世界开放的前沿阵地，高等教育的国际化趋势日益明显，世界不同文明、不同文化、不同的思想观念在这里激荡融合。大学生思想政治教育必须面向世界，充分地接纳来自不同国家的多样文化，同时牢固坚持社会主义核心价值观，树立主流文化导向，引导大学生按照主流文化的标尺对域外文化进行辩证取舍。大学生思想政治教育要引导大学生充分了解他域文化背景，在多元文化的冲击中保持清醒的甄别能力的同时，增强个人的国际意识，培养做一个国际公民所应具备的国际素质与能力，以便在未来的国际竞争中立于不败之地。

教育着眼于为未来培养作为发展生产力的主体的人，并不是对现世文明的简单复制，更不是歌功颂德、粉饰太平，一味地附和现实；教育的精髓正在于超越现实、指向未来，因此，批判的精神、超越的精神、创新的精神应该成为教育的本真精神。高等院校是培养高级专业人才的摇篮，肩负着塑造人类社会发展未来的重大使命，必须以长远和未来的眼光来审视当下和现实，以对未来的科学预测来合理把握和指导自己当前的行动和计划。大学生思想政治教育，是把关的教育，是成人的教育，更是导引未来航向的教育，必须在对现有状况的综合把握和认真分析的基础上，对人类社会包括教育发展的未来走势进行科学合理的预测，从而更有针对性地制定自己的发展思路；同时，要适时地培养大学生的科学预测能力和宏观把握问题的能力，增强他们的前瞻意识和感知未来的能力，使他们能够及时准确地把自我的现实发展和未来发展紧密地联系起来，正确地定位自己，有效地把握自己，充分地发展自己。

第三节　整　体　德　育

一、整体育德的内在依据

　　实施素质教育是全面推进教育创新的目标和关键。作为一种具有根本意义的教育思想或者说教育哲学，素质教育应该贯穿于学校教育的各个层面，也应该贯穿于大学生思想政治教育之中。素质在任何时候都是和现实的主体紧密联系在一起的，强调大学生思想政治教育必须以提高学生的思想道德素质为根本宗旨，突出对学生主体性的尊重、对引导学生主体性发展的关注。在现实的大学生思想政治教育中，我们不应该淡化对学生思想道德素质的培植，而热情地关注于在一般层面上的对相应知识的记诵和对相应规范的遵守。在这种情况下，我们的大学生思想政治教育过于关注结果而忽略过程，过于关注整齐划一而忽略个性开发，过于关注"教"的过程而忽略"学"的过程，过于关注"接受"的过程而忽略学生自主的"发现"过程，过于关注形式上的"遵守"而忽略真正意义上的"践履"。提升大学生思想政治教育的实效性，要求我们改变大学生思想政治教育陈旧的观念、方式和方法，全面贯彻素质教育思想，将大学生思想政治教育的目标，直指学生思想道德素质的提高这一根本宗旨。

　　以提高学生的思想道德素质为根本宗旨开展大学生思想政治教育，需要我们深入研究思想道德素质的内在构成及其成长发展的规律。对思想道德素质的研究，可以从多个方面展开。

　　人的素质分为智力因素和非智力因素，对其间内在关系的探讨以及个人素质提升的方法和思路的探索，渊源甚远。早在春秋战国时期，我国儒家学者就已经对"仁"与"智"之间的关系展开了论述，而明确运用"智力因素"与"非智力因素"的概念，并将其间内在关系的揭示奠立于科学实证的基础之上，则是 20世纪以后的事情。1913 年，美国心理学家韦伯等人研究认为，兴趣、情绪、气质、性格等对人的智力发展有着重要影响。1935 年，美国心理学家亚历山大明确提出了"非智力因素"的概念。1940 年，美国心理学家韦克斯勒提出"一般智力中的非智力因素"的概念。在这一背景下，人们对非智力因素的研究日益活跃。

应该承认，作为一种分析框架，将人的素质分为智力因素和非智力因素，对分析其各自构成、具体功用、相互关系，从而探讨提升人的素质的思路和方法，是有积极意义的，这种积极意义至少有两个方面。

第一，这种分析框架使得我们能够比较清晰地把握人的素质的内在构成。列宁曾指出："如果不把不间断的东西割断，不使活生生的东西简单化、粗陋化，不加以划分，不使之僵化，那么我们就不能想象、表达、测量、描述运动。思想对运动的描述，总是粗陋化、僵化。"[①]对于运动着的事物，我们必须借助简化的方法才能具体地把握它；对于构成复杂的人的素质，我们同样也必须借助简化的方法才能具体地把握它。将人的素质分为智力因素与非智力因素，通过对人的素质的简化，为我们提供了一个明晰的分析人的素质的理论框架。

第二，基于这种分析框架而进行的大量的研究，以科学实证的结论使得人们对非智力因素在人的全面发展中的重要作用有了深刻的体认，进而有助于人们深刻认识与人的非智力因素的形成与发展有着直接关系的大学生思想政治教育的极端重要性，有助于增强大学生思想政治教育者的工作积极性，增强大学生接受思想政治教育的自觉能动性。

但是这种分析框架也在客观上诱使不少人进入了一些认识误区。这种分析框架本来只是为了分析方便而在观念中对人的素质的简化、分割。然而，由于对这一分析框架的片面性理解，不少人在实践中形成了机械的工作思路。比如，在大学生思想政治教育中，不少人将大学生思想政治教育与学生的非智力因素简单地"对接"，从而在客观上忽视了大学生思想政治教育本来也具有的引导学生智力因素发展的价值；将智育与学生的智力因素简单地"对接"，从而在客观上忽视了智育工作本来也应担负的培育学生非智力因素发展的义务；单向地看到非智力因素对智力因素的积极作用，却忽视了智力因素对非智力因素发展的积极作用等等。这些片面认识，在大学生思想政治教育实践中导致了以渠道孤立（将大学生思想政治教育与智育割

① 列宁全集（第五十五卷）[M]. 北京：人民出版社，1990：219.

裂）、目标单一（着眼于人的非智力因素的培养）等为重要特征的工作思路。

　　就实质而言，人的素质具有高度的整体性。人的全面发展，必须通过人的素质的整体性提升才能真正实现。从理论的视角，我们可以将人的素质划分为智力因素与非智力因素，但就智力因素与非智力因素的实际存在状态而言，二者相辅相成，互不分离。没有离开智力因素的非智力因素，也没有离开非智力因素的智力因素，它们是紧密地联系在一起的，是共生的。智力因素中有非智力因素，非智力因素中有智力因素。智力因素与非智力因素呈现出的相互依存这一特点，在学术界对人的情感因素的科学研究中也明确地表现出来。情感，按照一般的看法，是人的非智力因素的重要部分，但是，20世纪90年代学术界关于人的情绪的研究则提出了"情绪智力"，亦即我国学者称之为"情商"的概念。显然，情绪智力，便是集智力因素与非智力因素为一体的一种人的素质存在。这一概念，其重要价值除了它表达着人们对情绪本身研究的深化外，更重要之处则在于它给予我们的方法论的启示，即从人的素质的整体性、从智力因素与非智力因素的共生中研究、把握人的情感因素，从而研究、把握人的整体素质。

　　上述对智力因素与非智力因素关系的深刻揭示也启发我们，大学生思想政治教育所力图引导学生形成和提高的思想道德素质，就其实质而言，也是智力因素与非智力因素的共生、共存体。它不简单地是一种智力因素，也不简单地是一种非智力因素。思想道德素质的这种存在实质，对大学生思想政治教育提出了基本的要求，即有效的大学生思想政治教育，必须既指向学生思想道德素质的智力方面，同时也必须指向学生思想道德素质的非智力方面，要在对作为智力因素与非智力因素共生体的思想道德素质的关注中，引导学生思想道德素质的发展。

　　大学生思想政治教育必须关注学生思想道德素质的非智力方面。学生思想道德素质的非智力方面，包括理想、信念、信仰、信心、信任，以及强大的爱国主义情感，民族自尊心、自信心、自豪感等等。对于学生思想道德素质的非智力方面因素的培养问题，大学生思想政治教育理论研究者与实践工作者都有比较明确的认识。

　　大学生思想政治教育必须关注学生思想道德素质的智力方面。学生思想道德

新媒体视野下大学生思政教育创新探索

素质的智力方面包含着多个方面的内容，简单而言，包括知识方面与能力方面两个部分。

大学生思想政治教育必须关注学生思想道德素质中的知识方面，即大学生思想政治教育必须关注对学生进行思想道德理论方面的教育，引导学生牢固地掌握相关思想道德理论方面的基本知识和基本原则。强调大学生思想政治教育必须关注对学生进行思想道德理论知识的教育，是由大学生思想认识发展的阶段特性和个体思想道德素质发展的客观规律所决定的。从大学生思想认识发展的阶段特性而言，大学阶段，青年学生的理性认识逐渐发达，在影响学生深层次思想认识问题的诸因素中，理性的力量增强。与此相应，在这一阶段，对大学生的思想政治教育如果仅停留在感性层面的教育引导上，便不能符合学生理性认识迅速发展的趋势，不能发挥影响学生深层次思想认识从而引导学生树立正确的人生观、世界观、价值观的作用。从个体思想道德素质发展的规律而言，对思想道德理论知识的掌握，是个体思想道德素质发展的基础所在。

大学生思想政治教育必须关注学生思想道德素质中的能力方面。大学生思想政治教育必须关注学生对思想道德理论的掌握，即关注学生思想道德素质智力方面"知"的发展。但是，大学生思想政治教育又不能将学生对相应思想道德理论的掌握本身作为单一的目的来追求。这是因为，一方面，只对学生进行相应的思想道德理论教育的大学生思想政治教育，最多只是智育的一种表现形式，而不是真正意义上的大学生思想政治教育；另一方面，对相应思想道德理论知识的掌握虽然是个体思想道德素质的必需内容，是个体思想道德素质其他方面形成与发展的基础，但对相应思想道德理论知识的掌握本身还不能构成个体思想道德素质的全部或者说整体。对于个体思想道德素质的智力方面的发展而言，更重要的还在于理论思维力的发展。理论思维力的发展，以个体对相应思想道德理论知识的掌握为基础；理论思维力的形成，又是个体思想道德素质智力发展的标志，从某种意义上讲，它甚至是决定作为整体存在的个体思想道德素质发展状况的关键。因此，大学生思想政治教育在关注对学生进行相应思想道德理论知识教育的同时，还要着力培养学生相应的理论思维力。

　　大学生思想政治教育必须同时关注学生思想道德素质中智力方面的上述两部分的培养。这是因为，一方面，理论的坚定性是政治的坚定性得以确立的基础；理论上的清晰性是政治上的清醒性的前提。忽视了对相应思想道德理论知识的透彻而深刻的掌握，大学生思想政治教育就无法担负起培养社会主义合格建设者和可靠接班人的神圣使命。另一方面，理论思维力的形成和发展又是个体能够以强大的主体性应对现实社会生活、产生正确行为的基本依据。忽视了对个体理论思维力的培养，个体的主体性就无法形成。在这种情况下，我们可以培养出严格遵守规范的听话的"好学生"，但同时也会滋育、强化学生循规蹈矩、外在依赖、消极适应型的思维模式，不利于创新拔尖人才的培养。再者，从知识掌握与理论思维力发展的关系来看，知识的掌握为个体理论思维力的发展提供基础，理论思维力的发展又为个体对知识的掌握提供更有效率的工具。我们不能脱离知识的培养而空想个体理论思维力的提升。

　　进入 20 世纪以来，西方德育理论在其发展历程中，曾出现过一股形式主义的思潮。就其实质而言，这种思潮是以片面强调对个体道德判断能力、推理能力的培养而忽视、漠视或否定个体对特定大学生思想政治教育内容的掌握为基本理论取向的。这一思潮虽然兴盛一时，但却无法避免日渐式微的命运，其中一个重要原因，就在于这一思潮在强调理论思维力即形式的同时，忽视、淡忘或否定了对知识即内容掌握的重要性，从而使得它们所强调的各种各样的能力成了无皮可附之毛，正如当代西方价值教育理论的代表性人物加里夫·贝克所指出的，对内容本身的忽视，会使"学生在解决具体问题时感到孤立无援。仅仅教给学生一种分析问题的框架和一套推理技巧就把他们像粗糙产品一样推向社会、让他们去自谋生路是远远不够的，他们需要教师和其合作者们帮助他们建构具体的价值体系，以便能够面对现实的问题"。在当前我国大学生思想政治教育理论研究中，有的学者主张要将能力培养作为大学生思想政治教育的目标指向。强调能力培养在大学生思想政治教育实践中的意义有其合理价值，但是简单地将能力培养作为大学生思想政治教育唯一的目标指向而全面否定对思想道德理论知识的掌握，则难以摆脱西方形式主义德育理论无法走出的困境。

大学生思想政治教育必须关注学生思想道德素质的智力方面，要求切实加大思想政治教育的知识含量、科学含量，注重以真理的力量打动人，以科学的力量征服人；要求大学生思想政治教育必须加强"思想政治理论课"主渠道的建设。在"思想政治理论课"主渠道的建设中，既要注意及时更新教学内容，注重增强理论的彻底性，引导学生牢固掌握马克思主义以及社会主义思想道德方面的基本理论知识，又要注意改进教学的方式方法，在教学过程中自觉坚持进行启发式教学，注重将研究性学习的方法引入"思想政治理论课"教学中并予以灵活运用，引导学生理论思维力的良好发展。

二、整体育德的合力构成

当代社会与学校的关联日益紧密，反映在大学生成长的影响因素上，便是社会影响与学校教育因素的多样共存。在这一背景下，大学生思想政治教育要继续发挥主导学生思想道德素质健康发展的作用，其根本出路，不在于力图加高加厚学校与社会之间的隔离之墙，继续在精心营造的象牙塔内精雕细刻社会的主体——这一企图在当代社会已经不再具有实现的可能，而在于，在充分发挥社会影响因素育人功能的基础上，进一步增强学校教育在引导学生思想道德素质发展方面的主导作用。

大学生思想政治教育要正确把握社会影响与学校教育的互动，整体性地发挥学校和社会的育人功能，必须以开放的胸襟迎纳社会现实，而不是封闭自我企图再造象牙塔。美国教育学者约翰·S.布鲁贝克指出："就美德具有理智内容而言，大学要提供条件对它加以阐明。大学要教授伦理史，提供有关道德这一社会现象的资料，甚至提供有关道德的哲学理论。但要清楚地认识到，仅仅承认什么是正确的决不能保证行为一定正确。""无须说，学院不可能在理智之路上重复一个学生毕业后可能遭遇的各种经历。然而，学生如果没有一些实际经验，学院就很难教某些学科——尤其是像伦理学、政治学和经济学之类的道德学科。在学院里，这类课程只能对价值观做些介绍，而这些价值观只有在成人生活中见效，只有在直接经验不再是偶然的而是平凡的时候才变得具有重要意义。因此，这些学科通常放在年轻时学，而在以后的生活中很少为人接触，这是一种极大的不幸。"布鲁贝克的这一论述,深刻阐明了个体的社会经验在个体品德发展中所具有的基础性条件意义。当代大学生思想政治教育要在学生思想道德素质的发展中继续发挥主导作用,必须注重引导学生积极地、深入地步入广阔的社会天地,必须将自身的一切教育活动都与生动的社会实践紧密结合,帮助学生形成有利于大学生思想政治教育产生效用的积极的社会经验,从而为大学生思想政治教育的创新与发展奠定科学而坚实的认知基础。

大学生思想政治教育要正确把握社会影响与学校教育的互动,整体性地发挥学校和社会的育人功能,必须以积极的姿态融入社会,而不是闭目塞听一味回避社会问题。当前影响当代大学生思想活动的各种主客观因素中,一个重要的方面便是当代中国现代化建设所提出的一系列重要的理论和现实问题。对于这些问题,如果不从理论的高度给予透彻的解答,便不能说服人们,不能凝聚起推动当代中国社会发展的强大精神力量。当代大学生已经具有相当的理性认知能力,他们的理性思维能力也正在逐步发展,在一些重大的理论和实际问题上,要真正地说服他们,也必须借助于透彻的理论说明。要做到这一点,必须注重及时根据社会发展提出的重大理论和现实问题,充实、调整大学生思想政治教育的内容,以对社会发展提出的重大理论和现实问题的深刻解答为中心构建大学生思想政治教育的内容体系;必须以实事求是的态度回答社会发展提出的重大理论和现实问题,努力提高大学生思想政治教育者的理论素养,在各种理论和现实问题层出不穷的当代社会,不具有深厚的理论素养,便不具备做好当代大学生思想政治教育的资格。

大学生思想政治教育要正确把握社会影响与学校教育的互动,整体性地发挥学校和社会的育人功能,必须以更加自觉的意识培养学生的相关社会能力。这里所谓的社会能力,包括学生对各种客观存在的社会现象进行科学的价值判断的能力,在复杂多变的社会现实中正确地选择、实施自己行为的决断能力等等。注重对学生这些社会能力的培养,是学生形成应对复杂多变的社会现实的素质、在纷繁多样的社会现象中坚持正确的理想信念、保持正确的思想道德行为的重要前提。否则,我们即便可以使教育对象在学校范围内表现出我们所期望的思想道德素养,也无法保证教育对象在学校范围之外更广阔的社会生活中能够坚持正确的思想道德行为。

杜威曾经指出："教育哲学必须解决的一个最重要的问题，就是要在非正规的和正规的、偶然的和有意识的教育形式之间保持恰当的平衡。如果所获得的知识和专门的智力技能不能影响社会倾向的形成，平常的充满活力的经验的意义不能增进，而学校教育只能制造学习上的'骗子'——自私自利的专家。"尽管在不少教育问题上杜威的主张还缺乏科学的根据，但是，强调非正规的、偶然的教育形式即社会影响与正规的有意识的教育形式即学校教育之间的平衡却是富有见地的。在杜威看来，达成这种平衡的重要途径也正在于学校教育要注重对学生的有意义的社会经验的发展，注重对学生的社会倾向的培育。强调对学生相关社会能力的培养，还是由社会影响性质的多样性所决定的。

社会影响就其性质而言是多样的。在客观存在的林林总总的社会影响中，有些包含着积极的、有利于学生思想道德素质健康发展的因素，这些因素可以和大学生思想政治教育形成合力，共同推动学生思想道德素质的整体提升。但是在这些客观存在的林林总总的社会影响中，也有不少包含着消极的、有害于学生思想道德素质健康发展的因素，这些因素对大学生思想政治教育形成的悖力，会在一定程度上抵消大学生思想政治教育的作用。大学生思想政治教育本身不能消除这些消极社会因素的客观存在，也不能保证我们的教育对象不接触这些消极的社会因素，应对这一现实的重要之举就在于培养学生形成正确的相关社会能力。当教育对象有了正确的相关社会能力后，他们就能够自觉对积极的、消极的社会影响因素进行价值评判，并在复杂的社会环境中做出正确的行为举动。在这种情况下，积极的社会影响因素可以通过学生的自觉的选择和接受而发挥引导学生健康成长的作用，消极的社会影响因素可以通过学生的自觉的判别和批判而成为学生引以为戒的东西，从另一个方面增长学生的社会经验，推动学生良好思想道德素质的健康发展。

三、整体育德的模式建构

归根到底学校是育人的场所，即一切积极的育人资源的集中而系统的配置之所。大学生思想政治教育的加强和改进，必须注重全面挖掘学校的一切育人资源，努力建构整体性育德模式。

将学校中的各种教育资源与人的德行素质的发展紧密联系起来，是人类教育思想史上悠久而强大的传统。近代教育学理论体系的奠基者赫尔巴特声称："教育的唯一工作与全部工作可以总结在这一概念之中——道德。道德普遍地被认为是人类的最高目的，因此也是教育的最高目的。"20 世纪美国新教育运动的首席代言人杜威断言，道德的目的应当普遍存在于一切教学之中，并在一切教学中居于主导地位——不论是什么问题的教学，如果不能做到这一点，一切教育的最终目的在于形成品德这句尽人皆知的话就成了伪善的托词。虽然这些思想将教育的最终目的定位于个体道德的发展不尽准确，但是，这些思想所表达的一切教育资源都必须有利于并且有意识地自觉助益于个体的道德发展，则是至今一切教育实践活动都应自觉坚持的基本教育法则。

对于高校的育人资源，我们可以从不同的角度进行不同的分类、不同的概括。简单而言，学校的育人资源可以分为两个基本方面，即主体资源和活动资源。主体资源即人的资源，即可以作为大学生思想政治教育的主体发挥积极的育人作用的一切人的资源。活动资源即学校中所开展的一切有助于学生思想道德素质发展的显著课程和潜在课程资源。主体资源与活动资源的育人作用的共同发挥，是构建大学生思想政治教育整体性育德模式的基本条件。

大学生思想政治教育必须全面发挥学校中一切主体资源的育人作用。为此，必须充分明确高校教学、科研、管理人员及学生自身在做好大学生思想政治教育中的职责，充分发挥他们在开展大学生思想政治教育中的积极能动性，努力构建全员育德的大学生思想政治教育模式。全员育德的大学生思想政治教育模式并不是否定专职大学生思想政治教育人员的积极作用，而是予以充分肯定。学生思想道德素质的发展变化有其客观的规律，大学生思想政治教育是一门专门的学问，既然是一门专门的学问，就需要有专门的队伍专门性地从事这项工作。全员育德的大学生思想政治教育模式在充分发挥高校教育、管理力量（即我们所讲的专职大学生思想政治教育人员以及此外的所有教学、科研、管理人员）开展大学生思想政治教育的积极性之外，还注重调动学生自身在做好大学生思想政治教育中的积极性，引导学生作为自我管理、自我教育的力量出现。自我教育是一切教育活动真正产生成效的根本条件所在，一切不能转化为自我教育的教育活动都不可能产生良好的教育效果。

曾担任美国纽约州立大学校长的欧内斯特·L.博耶曾有过这样一段记述："在第二次世界大战之后，美国高等教育经历了一次重大的转变。用社会学家马丁·特罗的话说，《兵士法案》几乎在一夜之间就促成了高等教育从'精英教育'向'大众教育'的转变。根据《兵士法案》，凡在军队里服役过的年轻人都可以免试上大学。那时，大多数学术界的领导人都对这一法案表示担忧，学生的录取不再是建立在他们的能力基础上，800万军人将因为他们对国家的服务而来到大学。许多人担心这些学生将导致学术水准的下降，一位校方负责人说，由于大多数兵士都结了婚并将带着婴儿车来上学，他们将给那些天真的大学生带来消极的思想影响。实际情况怎么样呢？兵士们来了。他们还带来了婴儿车。但他们也带来了丰富的经验、旺盛的精力、认真的态度和献身的精神。"在我国高等教育向大众化迅速推进、当代大学生群体构成日趋多样的当前，全面挖掘当代大学生中蕴藏的各种积极的自我教育的力量，对于大学生思想政治教育的加强和改进也无疑有着极其重要的意义。

大学生思想政治教育必须全面发挥学校中一切活动资源的育人作用。其中，尤应注意充分发挥高校中最基本的活动——课程教学活动在育人中的积极作用，努力构建全课程育德的大学生思想政治教育模式。课程，是一切学校教育活动的基础和核心。离开课程，学校教育就无法全面地标显出它的系统性和计划性；离开课程，学校教育也就丧失了人才培养所必须依托的基本形式。课程在整个学校教育中所处的这种特殊地位，决定了课程教学在学生思想道德素质培养中所具有的举足轻重的作用。从整体上来看，高校的显著课程可以分为人文社会科学类的课程和自然科学类的课程。人文社会科学类的课程本身便具有鲜明的意识形态性，必须把坚定的政治方向放在首要位置；自然科学类的课程，对于学生更加深刻地理解人类社会和自然界的发展规律，更加全面地掌握马克思主义辩证唯物主义和历史唯物主义的科学真理，具有重要的基础性意义。在从总体上强调学校的一切课程教学活动必须注重发挥育人作用的同时，大学生思想政治教育还必须加强专门性的大学生思想政治教育类课程的建设。这类课程的建设，要在高等教育整个课程体系中予以规划，而不能游离在高等教育的整个课程体系之外。此外，大学生思想政治教育还必须注重发挥隐性课程即高校中除显性课程之外的一切校园文化活动等在学生思想道德素质发展中所具有的积极作用，注重隐性课程建设，自觉强化校园文化活动等课外活动的教育性，避免校园课外活动的形式主义，为学生思想道德素质的发展创建良好的外在环境。

第四节　立　德　树　人

习近平总书记在全国高校思想政治工作会议上强调，高校思想政治工作关系高校培养什么样的人、如何培养人以及为谁培养人这个根本问题。要坚持把立德树人作为中心环节，把思想政治工作贯穿教育教学全过程，实现全程育人、全方位育人，努力开创我国高等教育事业发展新局面。习近平总书记这一要求将是今后我国高校工作的中心任务。作为高校思想政治工作的核心内容，思想政治理论教育将正面回答"培养什么样的人"这一重要问题。

一、培养有历史发展眼光和责任意识的人

要教育引导学生正确认识世界和中国发展大势，从我们党探索中国特色社会主义历史发展和伟大实践中，认识和把握人类社会发展的历史必然性，认识和把握中国特色社会主义的历史必然性，不断树立为共产主义远大理想和中国特色社会主义共同理想而奋斗的信念和信心。这就要求高校思想政治工作要培养大学生的历史发展眼光，从近代中国历史发展大势和世界历史大势中探讨近代中国历史发展的必然规律、人类历史发展的必然规律。

近代以来中国落后挨打、备受欺凌，如何实现中华民族的伟大复兴，如何完成近代中国的两大历史任务——民族独立和国家富强，这是一代代中国人努力践行的目标和梦寐以求的理想。高校思想政治理论教育应当深入展现近代中国的发

展历程，明白解析近代中国历史选择马克思主义、选择中国共产党、选择社会主义道路、选择改革开放的历史必然性，着力培养学生的历史责任感，努力为中华民族的伟大复兴添砖加瓦，为中国梦的实现增光添彩。

近代世界历史发展的大势就是不同国家根据其历史发展过程和现实特殊性选择适合本国的发展道路，就是整个世界携起手来探求人类未来的美好前景。高校思想政治理论教育应当培养学生树立世界一体、协同发展、共享发展的理念，培养其对人类社会发展大势和规律的认识。具备了人类共同体的历史责任意识，也就懂得了如何识大体、顾大局、懂大势、走大道。

二、培养具备世界眼光和广阔胸襟的人

高校思想政治工作要培养大学生全面客观认识当代中国、看待外部世界的能力。这就要求当代大学生要具备世界眼光和广阔胸襟，更要具备在世界格局中把握中国特色的能力。

当今世界是一体的、多元开放的、竞争互动的。历经时间检验和竞争考验的中国特色社会主义之"中国特色"，给了世界后发国家一个可资借鉴的走上富强道路的范例，也给世界贡献了另一种发展进步的可能。这种现实比较带给国人以高度的自信，中国人理当自信从容地客观认识当今中国、看待外部世界。高校思想政治理论教育要给学生传导一种在比较的视野中关注中国现实问题的价值观，即将中国的发展进步置于整个世界发展的进程当中来认识近代中国取得的成就——西方国家用了几百年时间走过的近代化道路，如何在中国几十年的发展历程中实现的？在国际共产主义运动中，为什么中国特色社会主义道路可以"风景独好"？通过对比的分析和认识，可以增强大学生的自信心而不妄自菲薄。

三、培养勇担时代责任和历史使命的人

习近平总书记强调，大学生要正确认识时代责任和历史使命，用中国梦激扬青春梦；高校思想政治工作为学生点亮理想的灯、照亮前行的路，激励学生自觉把个人的理想追求融入国家和民族的事业中，勇做走在时代前列的奋进者、开拓

者。这是对当代大学生要勇于承担时代责任和历史使命的要求。

高校思想政治理论教育的任务之一，是培养大学生的国家民族认同感。这有利于培养大学生的正确价值和理性担当，潜移默化地养成心忧祖国、胸怀天下的志向，可以做大事、可以担重任，逐渐养成当仁不让、舍我其谁的家国情怀。当代大学生的时代责任和历史使命是为实现中华民族伟大复兴的中国梦而奋发有为，大学生应将个人的青春梦和中国梦相结合，将个人理想融入国家和民族事业，既要走在时代前列奋发进取，也要为国家发展开拓有为。

四、培养兼具远大抱负和踏实作风的人

习近平总书记强调，当代大学生应该正确认识远大抱负和脚踏实地的关系，把远大抱负落实到实际行动中，让勤奋学习成为青春飞扬的动力，让增长本领成为青春搏击的能量。这是要求大学生既要具备远大理想抱负，又要具备踏实肯干的优良作风。

高校思想政治理论教育从本质上说是马克思主义理论教育。马克思主义理论从根本上教育青年人为推动新社会之发展进步有所贡献，为国家民族之解放富强有所担当，为人类之幸福自由有所施展。这些远大理想和抱负是青年人成长过程中应有的追求，应当成为青年学生的理想信念。

具备远大的理想抱负固然可喜，但如果没有扎实的作风和脚踏实地的干劲，也难以企及彼岸的成功。大学生思想政治教育要培养大学生科学的人生观、价值观和世界观，使其形成理性心态，避免好高骛远、眼高手低，只有脚踏实地、兢兢业业，才能有所为、有所成。

第三章　大学生思想政治教育的内容创新理论

思想政治教育内容是思想政治教育目标和任务的具体化，科学选择和确定思想政治教育内容是实现思想政治教育目标和任务的重要环节。近年来，随着中共中央、国务院《关于进一步加强和改进大学生思想政治教育的意见》的深入贯彻实施，大学生思想政治教育内容得到不断充实和完善，其发展的趋势朝着思想性、科学性、丰富性、适应性、规范性、创新性相统一的整体化方向推进。

第一节　大学生思想政治教育的稳定性与变革性

江泽民同志曾在中央思想政治工作会议上指出："我们的思想政治工作在继承和发扬优良传统的基础上，必须在内容、形式、方法、手段、机制等方面努力进行创新和改进，特别要在增强时代感，加强针对性、实效性、主动性上下功夫。这要成为我们今后加强和改进思想政治工作的重点。"大学生思想政治教育是高校思想政治工作的中心环节，历史经验证明，大学生思想政治教育要增强时代感，加强针对性、实效性，首先必须处理好思想政治教育内容的相对稳定性与变革性的关系。

就目前来看，我们正处在一个剧变的过程中，形势发展变化日新月异，人们的思想观念正在并将继续发生深刻的变化。在这样的情况下，我们既要保持思想政治教育内容的稳定性，即坚持马克思主义指导思想、中国特色社会主义理想等坚决不动摇，又要紧跟时代步伐，不断创新大学生思想政治教育内容，对其进行变革。只有这样，才能永葆大学生思想政治教育的鲜活生命力。

一、大学生思想政治教育内容的稳定性

稳定性是大学生思想政治教育内容的本质特征。在创新思想政治教育内容之时，必须坚定思想政治教育的基本方向不动摇、基本理论不动摇、指导思想不动

摇，而我国思想政治教育的基本方向是社会主义方向，基本理论是马克思主义基本原理，指导思想是马克思主义及其中国化的指导思想。总之在建设大学生思想政治教育内容之时，必须坚持马克思主义与中国特色社会主义理论体系这一重要基础。下面，我们以马克思主义理论教育和爱国主义教育为例说明大学生思想政治教育内容的稳定性。

（一）坚持马克思主义基本理论的稳定性

邓小平同志在设计中国特色社会主义道路之时曾经提出四项基本原则，即"坚持社会主义道路，坚持人民民主专政，坚持中国共产党的领导，坚持马克思列宁主义毛泽东思想"。因此大学生思想政治教育必须坚持马克思主义基本理论的稳定性地位，用马克思主义武装大学生的思想。

坚持马克思主义教育的稳定性地位，首先就体现在坚持教育大学生运用马思主义的方法原理处理各种问题时，实事求是地做出解答。马克思主义唯物论与实践论是解决问题的两柄有效"武器"，能够帮助大学生看透事物的本质，挖掘事物发展规律，从而使大学生正确认识外界事物。当今世界经济全球化、信息网络化使原本就不甚清晰的外界事物发展状态变得更加扑朔迷离，干扰了大学生的认识，而马克思主义则是帮助大学生在这种复杂环境下生存的重要工具。

坚持马克思主义教育的稳定性地位，其次是坚持马克思主义在其他教育内容中的指导思想地位不动摇。马克思主义理论是中国特色社会主义大学政治教育、思想教育、道德教育、心理教育的重要指导思想。虽然这几种教育内容都包含有各自的理论体系，然而综合其中的各个理论体系，我们可以发现每一个理论模块要坚持其社会主义性质，必须要接受马克思主义基本原理的指导，否则将为他人所用，危害社会主义建设。马克思主义是我们立党立国的根本指导思想，是社会主义意识形态的旗帜和灵魂。坚持和巩固马克思主义在我国意识形态领域的指导地位，是党和人民团结一致、始终沿着正确方向前进的根本思想保证。而政治教育、思想教育、道德教育、心理教育说到底则是意识形态教育，必须坚持马克思主义的指导思想不动摇。

坚持马克思主义理论教育的稳定性地位，还要坚持做好马克思主义理论教育。俗话说"打铁还需自身硬"，要坚持用马克思主义教育大学生，指导其他教育内容，就必须做好马克思主义理论教育。在这里做好马克思主义理论教育是指深入挖掘马克思主义理论体系，不断发展马克思主义，做到马克思主义的与时俱进。马克思主义不是教条，是一个开放的体系，要紧随时代的发展一起进步。广大理论教育工作者要坚持把马克思主义融入现实生活之中，发展马克思主义，用"活"的马克思主义指导广大大学生。

总的来说，马克思主义体现出鲜明的阶级性、批判性、实践性、科学性的本质特征。在新的历史时期，马克思主义理论教育必须紧紧围绕建设中国特色社会主义进行，这是理论教育伴随社会主义运动发展而发展的历史的和逻辑的必然，是理论教育与社会主义运动发展相适应这一基本规律的内在反映和具体体现。在当代中国，坚持用发展着的马克思主义对大学生进行教育，高举马克思列宁主义、毛泽东思想和中国特色社会主义的伟大旗帜，是做好理论教育必须遵循的一个基本规律。

（二）坚持爱国主义不动摇

爱国主义是中华民族传统文化的精神内核，是千百年来都要坚持的国民基本精神，在大学生思想政治教育之中，必须坚持爱国主义的稳定性地位不变。当代中国，坚持爱国主义的稳定性地位是由其时代特征和时代价值所决定的。

1．爱国主义的时代特征

爱国主义具有时代性，在不同时代有不同的爱国主义主题。在现阶段，爱国主义的主题是建设、发展和保卫中国特色社会主义现代化事业，促进祖国统一大业。

首先，爱国主义与爱社会主义是相统一的，新时期爱国主义的基本特征是坚持爱国主义与爱社会主义的统一。中华人民共和国每一个公民必须坚持热爱社会主义中国。因此在大学生思想政治教育中坚持爱国主义的稳定地位，就是坚持爱社会主义的稳定地位。

其次，爱国主义与拥护中国共产党领导相统一。"没有中国共产党就没有新中国"，中国共产党带领广大人民群众经过艰苦卓绝的斗争才建立了社会主义新中国。在当代中国，中国共产党领导中国人民创造了一个又一个奇迹，国家逐步由贫穷走向富强。热爱这个国家就要拥护这个国家的领导者，坚定不移地推动国家的发展，否则这个国家的发展将处于一个非常混乱的状态。从这一点来看，在大学生思想政治教育中，必须坚持大学生爱国主义的稳定地位，促使拥护中国共产党的爱国主义精神传承下去。

最后，爱国主义与经济全球化相统一。爱国主义的观念在经济全球化的今天仍然需要。世界是多极的，不可能统一为一种文化观念，施行同一的制度。从一个国家来看，在全球化过程中，既要充分利用经济全球化所提供的机遇发展自己，又要坚决维护国家的主权和尊严，按照本国国情发展自己的政治制度和民族文化。这不能只是一句口号，必须在原则立场上落实。在经济全球化的今天，大学生要秉持科学无国界，但科学家有祖国的爱国主义观念。

2. 爱国主义的时代价值

第一，爱国主义是中华民族继往开来的精神支柱。爱国主义是鼓舞人们为自己祖国的繁荣富强而无私奉献巨大精神动力，是推动人们为祖国的荣誉和尊严、民族的繁荣和昌盛、人民的富裕和幸福而奋斗不息的巨大精神力量。在新的历史条件下，爱国主义促使祖国人民高举社会主义的伟大旗帜，团结全国各族人民、港澳同胞、台湾同胞、海外侨胞，建立最广泛的爱国统一战线，充分发挥和集中整个民族的智慧和力量，为建设社会主义国家做出贡献。作为新时期的大学生，要发挥爱国主义的伟大精神，勇于承担起建设富强、民主、文明、和谐的社会主义现代化国家的历史责任，努力为中华民族发展史续写新的光辉篇章。

第二，爱国主义是维护祖国统一和民族团结的纽带。我国是一个地域辽阔的多民族国家，不论历史上曾出现过几次分裂的局面，爱国主义的情怀都最终把各族人民重新统一在一起，共同建设强大的祖国。历史证明，一旦各族人民紧密团结在爱国主义的旗帜之下，中华大地就会出现一个繁荣富强的国家，否则，中国将会是一个疾贫病弱的国家。可见爱国主义精神是国家强盛的重要纽带。

第三，爱国主义是实现中华民族伟大复兴的动力。1840年，帝国主义用大炮轰开了中国的大门，中国进入耻辱的近代史。无数爱国志士发愤图强，努力探索和寻找拯救人民于水火的道路。最终，中国共产党领导中国人民建立了社会主义新中国，实现民族解放，为中华民族的伟大复兴奠定了坚实的基础。

现在，爱国精神继续发挥着推动中华民族建设富强祖国的巨大动力作用。"人心齐，泰山移"，无数中华儿女奋发图强，在中国社会的各个层面推动中国特色社会主义国家的建设。尤其是改革开放的四十多年来，中华社会巨大进步，中国成为世界瞩目的崛起明星，这更加激起全国各族人民和港澳台以及广大海外同胞的爱我中华、建我中华、强我中华的爱国热情。

第四，爱国主义是个人实现人生价值的力量源泉。热爱祖国是一种责任，也是实现人生价值的重要条件，爱国主义为人的成长指明了方向。爱国主义情怀使人自主地把自身价值取向同社会价值取向相结合，自动地把个人理想融入社会理想之中去。与此同时，爱国主义情怀也是推进每个人为融入了社会理想的个人理想而奋斗的重要动力，历史上一切建大功、立大业、对人民做出巨大贡献的人，大都是赤诚的爱国主义者。

第五，爱国主义与弘扬民族精神相统一。民族精神，是指一个民族在长期共同生活和社会实践中形成的，为本民族大多数成员所认同的价值取向、思维方式、道德规范、精神气质的总和。爱国主义孕育于民族精神之中，是民族精神的核心内容。在建设富强民主、文明和谐的社会主义现代化国家，实现中华民族伟大复兴的今天，我们特别需要弘扬和培育以爱国主义为核心的民族精神，紧扣当今中国的时代主题，立足中国特色社会主义建设事业的伟大实践，以人民群众创造历史的火热生活为源泉，在吸收和借鉴外来思想文化的积极成果基础上丰富以爱国主义为核心的民族精神。

第六，爱国主义与弘扬时代精神的统一。时代精神，就是在新的历史条件下形成和发展的，以民族精神为依托、以时代潮流观念、行为方式、价值取向、精神风貌和社会风尚为基础内容的时代意识形态。当今时代，是一个以改革创新为显著特征的时代，在改革创新的基础上形成的以科学发展观为基本方式，以社会主义和谐社会为基本内容的社会发展模式是我国兴旺发达的不竭动力，是中国共产党永葆生机的源泉。

因此，在新的时代条件下，大学生思想政治教育必须坚持爱国主义的稳定性地位不动摇，把爱国主义作为大学生的一种文化向下进行传承。

二、新时期大学思想政治教育内容的变革性

随着形势的变化，大学生思想政治教育的内容也要随着时代的发展而做出变革。教育者需要在保持教育内容相对稳定的同时，结合大学生的现实思想政治状况，变革思想政治教育内容，使所授内容与时代相吻合，并且符合大学生的实际情况。下面我们主要从诚信教育方面来说明思想政治教育内容的变革性。

（一）诚信教育的含义

诚实守信是中华民族的传统美德，是一切道德品质的基础。党的十七大报告曾提出，要"大力弘扬爱国主义、集体主义、社会主义思想，以增强诚信意识为重点，加强社会公德、职业道德、家庭美德、个人品德建设"。大学生诚信教育是大学生思想政治教育内容的重要组成部分。随着时代的发展变化，当前社会也对大学生诚信教育提出了新的要求，因此，诚信教育内容变革既是现实的必然要求，也是时代的强烈呼唤，更是铺就高素质人才的必由之路。

在现代社会，经济的市场化和国际化、政治的民主化和法制化以及文化的多元化和交往方式的现代化，给当代大学生诚信教育增添了许多新的内容。首先，诚信内容要遵守法律，法律是遵守诚信契约的底线。其次，要有一定的契约精神。诚信不仅仅是一诺千金，更要讲究网络诚信。最后，在信息网络化发展的今天，诚信教育还要求大学生能够谨言慎行，既不被流言所惑，也不参与流言传播。

（二）新时代诚信教育的意义

1. 诚信教育是适应信用经济时代的要求

第一，坚持以诚信为本，是市场经济对道德秩序的根本要求。社会主义市场经济，从一定意义上说是信用经济。因此，市场经济健康发展的根本需要就是社会成员构建诚实守信的品德。

市场经济以契约为核心，市场主体活动通过"契约"进行，缺乏诚信，不守诺言会对构建社会主义和谐社会造成严重的障碍。诚信是建设社会主义物质文明的道德保障，社会主义市场经济体制的完善必须寻求合理的道德支持，接受合理的道德价值观的引导，这种合理的道德就是诚信。在市场经济体制下，道德与法律一起构成了市场经济的运行规则。由于在经济领域普遍缺乏现代市场经济的信用文化与道德观念，致使失信行为经常存在，且失信程度相当严重，它需要用诚信来维护和尊重人们在经济活动中的合法权益，让有"德"者有所"得"，有"信"者有所"为"。

第二，坚持以诚信为本，是加入世界贸易组织后与世界经济接轨的需要。加入了世界贸易组织，中国经济纳入了世界经济的统一体之中，统一的市场、统一的信用体系将决定中国未来的发展方向。中国社会必须引进全球化的正规的经济信用体系。

2．诚信教育是适应信息化时代的要求

信息化时代是以网络为基础的，网络的虚拟性特征既给人以创造，又容易滋生虚假；其交互性特征既传播不同的文化文明，又生产信息垃圾；其开放性特征既给予言论自由，又带来道德失范。网络参与者知识文化水平参差不齐，对于网络的虚假信息难以辨别，造成虚假信息的广泛传播，直接影响到青年学生的世界观、人生观、价值观。在网络世界系统性法律规范缺失的情况下，网络道德规范就显得十分重要，而其中最重要的一种道德规范就是网络诚信教育。

3．诚信是构建社会主义和谐社会的要求

"和谐社会"的提出，是我们党对中国特色社会主义事业认识的新发展，也是社会主义现代化建设的重要目标。一个社会是否和谐，很大程度上取决于全体社会成员的文明素质。道德素质无疑是社会成员的重要精神基石，诚信作为思想道德教育的重要内容，对于构建和谐社会的社会建设起着无可替代的作用。

（三）新时代诚信教育的重要内容

随着时代的发展，诚信教育在不断地变革自身，以适应新时期发展的需要。

诚信教育已经不限于生活中的诚信，还包括了政治诚信、经济诚信和择业诚信。

1．大学生政治诚信

政治诚信是近年来学术界讨论非常激烈的一个话题。有学者从法律的角度认识政治诚信，认为政治诚信应包括立法诚信、行政诚信、司法诚信和守法诚信；有学者从行为学角度，认为政治诚信是指政治主体在政治生活中表现的在政治语言、政治态度以及政治行为等方面的言行一致、诚实守信；还有学者从过程论角度出发，认为政治诚信是政治主体用其诚实言行获得政治客体的信赖进而逐渐积累自己信用的过程。

从时代发展的需要看，广义的大学生政治诚信包括大学生政治理念诚信、政治制度诚信与政治行为诚信等方面，是大学生通过经常性地遵守政治规则、履行政治诺言而体现出的一种行为品质。从大学生政治诚信教育出发，大学生政治诚信教育可分为大学生政治思想诚信和大学生政治行为诚信两个方面。

大学生政治思想诚信是大学生政治诚信的一个重要方面。大学生政治思想体现为大学生对政治现象和政治过程所持的认知、情感、信仰，并调节、支配大学生的政治行为。政治思想体现出大学生对于现实政治环境的认识和态度，是大学生作为政治主体关于政治管理、政治决策、政治制度等所有政治客体的总的观点、总的看法。大学生政治思想诚信是大学生政治行为的重要思想决定因素，影响着大学生政治行为的方式和结果。

大学生政治行为诚信表现为大学生在参与政治活动中坚持诚信的原则，忠于自己的政治信仰，言行一致，表里如一。首先，大学生要诚信发表政治言论。作为受教育程度较高的大学生，思维活跃，善于表达自己的思想和看法，更应注重发表政治言论的诚信原则。其次，诚信履行政治权利。政治权利是大学生作为国家公民由法律所赋予的重要权利，昭示着大学生作为国家主人翁的地位。大学生要诚信行使自己的权利，对自己负责，对社会主义建设事业负责，对国家和人民负责。另外，大学生还要尽力参与到国家权力监督的过程中。最后，大学生要诚信参加党团组织。大学生政治选择的诚信性是一个不容忽视的方面。大学生在选择一个党团组织之后，要真正在思想上加入这个组织，认同这个组织。

2．大学生经济诚信

所谓经济诚信，是指社会人或者社会团体之间、国家、政府以及国与国之间在产生各种经济行为，发生与经济相关的各种关系的过程中，经济关系中所包含的各主体在其行为过程中坚持诚实守信的原则，在经济行为中无欺诈，无弄虚作假，无出尔反尔等失信行为出现。

经济活动是公共生活领域的重要方面，是在生产者和消费者、卖者和买者的关系中进行的，经济活动反映了存在于经济领域中的诚信关系和现象。经济活动中的交换方式都必须以信用作为守约条件，构成互相信任的经济关系，假如有一方不守信用，等价交换关系就会遭到破坏。因此，没有诚信，就没有经济秩序；没有诚信，就没有交换、没有市场，经济活动就难以健康发展。

大学生的经济诚信是指在大学生的经济活动和经济关系中诚实守约、讲究信用的一种行为规范，包括大学生在参与经济活动时遵循法律规范和商品交换规则的诚信行为。大学生作为社会人，也是经济主体，其行为必然带有功利性。大学生虽然还不能直接进行物质财富的生产，与社会和他人形成直接的物质关系，但其在学校的生存和发展却必须与家人、同学、老师、学校、社会以及国家发生各种各样的经济联系和关系，在这些经济关系中的诚信表现超越了传统的道德范畴，上升到关乎社会经济的大问题。

3．大学生的择业诚信

一般来讲，大学生择业诚信是指大学生求职过程中，能够本着诚实守信原则、主动向用人单位展现个人真实的学习成绩、奖惩情况以及个人实际能力等，同时能够严格履行合约，践行诺言。学者们认为大学生择业诚信的内涵包括了伦理学、社会学、教育学、经济学等多个领域的内容。首先，学者们从伦理学视角分析大学生诚信，认为大学生择业诚信具备诚信的基本含义，要求大学生要具备基本的实事求是精神。其次，从社会学视角来看，大学生择业诚信是维护当今社会发展的基本要求。再次，大学生择业诚信缺失与教育有紧密的关系。最后，大学生诚信道德状况将直接关系市场经济条件下的道德秩序，以人为本，构建大学生择业诚信道德建设体系十分必要。

从大学生诚信教育的新时代内容可以看出，当代大学生思想政治教育内容的变革性与当代社会发展有紧密的关系。大学生思想政治教育内容变革的合理性检验也取决于社会的发展。其实，发生变革的内容不仅仅有大学生诚信教育，其他的教育内容也在或多或少地随着时代的发展不断变化。

第二节 大学生思想政治教育的基础性与先进性

所谓大学生思想政治教育内容的基础性是指大学生思想政治教育内容在大学生思想政治认识中的基础性地位，如大学生世界观、人生观、价值观、政治观和道德观教育。而所谓先进性是指大学生思想政治教育内容在引领大学生思想认识中的先进性作用，如大学生社会主义核心价值体系教育和网络道德教育。大学生思想政治教育内容的基础性和先进性是同时存在的，是相辅相成的一对矛盾体。为了能够详尽说明，这里采取分开论述的方法对之进行论述。

一、大学生思想政治教育内容的基础性

大学生思想政治教育内容的基础性是大学生思想政治教育的一面重要旗帜，是当代大学生认识事物的基本方式。

(一) 世界观教育

世界观指的是人们对世界的总的看法和根本观点。任何一个正常人，都有自己的世界观。由于人们所处的阶级地位不同、社会经历不同等，使人们形成了不同的世界观。世界观教育为大学生认识事物提供了基本方法，是大学生认知形成的基础。

我国大学生的世界观教育以马克思主义基本原理为基础，既体现了世界物质发展的基本原理，又代表了中国特色社会主义发展的基本政治方向。大学生世界观教育目的是使大学生从思想上理解和掌握马克思主义认识周围世界的方法，通常包括马克思辩证唯物主义、历史唯物主义和认识论的内容。

新媒体视野下大学生思政教育创新探索

1. 世界观教育的内容

（1）辩证唯物主义。辩证唯物主义认为，物质是第一性的，意识是第二性的，世界的统一性在于其物质性，意识是物质世界长期发展的产物，是人脑的机能和属性，是物质世界的主观印象；事物是普遍联系的，联系是指事物内部各要素之间和事物之间相互影响、相互制约和相互作用的关系；事物的普遍联系必然导致事物的运动、变化和发展，事物是永恒发展的，发展是前进的上升的运动，发展的实质是新事物的产生和旧事物的灭亡；对立统一规律是事物发展的根本规律，事物内部固有的矛盾性既是事物普遍联系的根本内容，也是事物变化发展的根本动力；量变和质变是事物运动的两种最基本的状态，一切事物的发展变化都表现为由量变到质变和由质变到量变的质量互变过程；事物的发展是由肯定到否定，又由否定到否定之否定的螺旋式上升过程。

（2）历史唯物主义。历史唯物主义是关于人类社会发展一般规律的科学。人类社会发展和人的活动同自然界的运动发展一样，同样也有着自身的规律。马克思、恩格斯以社会存在与社会意识的辩证关系为出发点，深刻揭示了生产力与生产关系、经济基础与上层建筑矛盾运动等一系列规律，为人们正确认识人类社会历史及发展趋势，正确认识资本主义社会和社会主义社会的发展规律，提供了科学的理论指导。

历史唯物主义认为，社会存在和社会意识是辩证统一的，社会存在决定社会意识，社会意识是社会存在的反映，并反作用于社会存在；人类社会的发展是一个自然历史过程，社会历史发展有其固有的客观规律；生产力和生产关系、经济基础和上层建筑的矛盾是人类社会的基本矛盾，是社会发展的根本动力；阶级斗争是社会基本矛盾在阶级社会中的表现，是阶级社会发展的直接动力；人民群众是历史的主体，是历史的创造者。

（3）马克思主义认识论。马克思主义认识论是能动的反映论。它坚持能动的反映论观点，认为认识是人脑对客观事物的能动的反映；坚持实践的观点，将实践提高到第一的地位，强调实践是认识的源泉，是认识的发展动力，是检验认识的唯一标准；坚持辩证的观点，认为认识的发展过程要经由感性认识到理性认识，再由理性认识到改造客观世界这样一个辩证发展过程。一个正确的认识，往往需要经由实践到认识，再由认识到实践这样多次反复才能完成。社会实践是永无止境的，人的认识也同样如此。掌握马克思主义认识论，懂得认识和实践的辩证关系，分清辩证唯物主义的反映论和唯心主义的先验论的界限，就能从根本上提高认识世界和改造世界的能力。

2．世界观教育的基础性地位

（1）世界观教育的目的在于帮助大学生树立马克思主义认识论。世界观教育说到底是一种认识论的教育，主要解决人们如何认识周围世界的问题，对人们之后采取何种方法具有决定性意义。马克思主义世界观教育包含了马克思主义哲学之中关于事物发展规律的全部内容，是对自然界运行规律的全面揭示，是大学生求知探索的有力武器。在马克思主义方法的基础上，大学生更容易看清楚资本主义的虚伪性，使大学生更加坚定共产主义的信仰。

（2）世界观教育培养大学生运用马克思主义哲学看待世界的自觉性。世界观教育就是教会大学生正确认识物质与意识的关系，正确认识世界，树立科学的思想，养成科学的态度，使大学生在认识世界和改造世界的过程中，能够从客观实际的角度出发去想问题、办事情。教育大学生在改造客观世界的过程中改造主观世界，实现认识与实践、改造主观世界与改造客观世界的统一。在掌握马克思主义认识周围世界的方法之后，大学生会更加乐于用马克思主义的方法去检验自己对外界的认识，并进行适当的修正。

（二）人生观教育

人生观指的是人们对人生问题的根本看法。主要内容包括人生目的、人生态度和人生价值等三方面，具体包括公私观、义利观、苦乐观、荣辱观、幸福观和生死观等。它对一个人所追求的人生目标、生活态度及生活方式起着决定性的作用。人生目的是人生观的核心，是人的生命存在和发展的总目标。关于人的本质的理论是人生观的理论基础，人的理想和信念是人生的精神支柱，人的价值理论是对人生意义的评价。由于人们所受教育程度不同、社会实践经历不同、生活境遇不同、文化素养不用，因而所形成的人生观是不同的。正确的人生观是坚定的信念、远大的理想、高尚的情操、理智的行为的基石，是正确处理一切人生问题的前提，正确的人生观引导人们走向正确的社会道路，用自己的劳动去创造人生业绩，成为一个对社会、对人民有益的高尚的人。

在人类历史上曾出现过几种人生观，非常具有代表性：享乐主义人生观、厌世主义人生观、禁欲主义人生观，这些都是消极的人生观；幸福主义人生观、乐观主义人生观和共产主义人生观等，这些都是积极的人生观。共产主义人生观是无产阶级的科学的人生观。它把人的生命活动历程看作认识和改造客观世界的过程，把消灭资本主义，实现共产主义，为绝大多数人谋利益，看作人生的崇高目的和最大幸福。对社会所尽的责任和所做的贡献是人生的价值和意义所在；努力为人民服务是，无私地把自己的一切精力贡献给共产主义事业是人生的最大价值和意义。

我们党和国家历来都十分重视大学生的人生观教育。大学生在校期间是形成人生追求方向的一个关键时期，高校引导大学生树立正确的人生观，"让学生看到人生真实鲜活的形态和人与人之间心灵的对话"[①]，这将会使学生充满力量，更加执着的热爱祖国、报效祖国，为构建和谐社会的宏伟蓝图和实现中华民族的伟大复兴而奋斗。这就要求我们必须用马克思主义和社会主义意识形态进行系统指导，使大学生追求崇高的人生目的，确立进取的人生态度，正确认识人生价值的标准与评价，投入积极的人生实践，创造有价值的人生。

树立正确的人生观是加强大学生思想政治教育的首要问题。对于社会主义事业的任何一个建设者来说，人生观问题不解决，或解决得不彻底，不论搞革命，还是搞建设，都是不可能兢兢业业的，也不可能做出什么成绩来。在当代社会发展之中，大学生人生观教育要帮助大学生树立正确的人生观，引导大学生确定正确的人生价值取向，奠定大学生正确看待自身的基本方式。

（三）价值观教育

价值是指客体对主体的某种有用性，即客体的属性、结构对主体的需要所具

[①] 杨一平. 对人生观教育的另一种解读——来自生涯辅导的启示[J]. 高等教育研究，2005（11）：93—96.

有的意义。马克思指出："'价值'这个普遍概念，是从人们对待满足他们需要的外界物的关系中产生。即现实的人同满足其某种需要的客体的属性之间的一种关系，是客体的属性满足主体的需要渐具有的积极的意义和作用，即客体对主体的有用性。价值观是人们有关价值的观念系统，是人们关于什么是价值、怎样评判价值、如何创造价值等问题的根本观点。价值观的内容一方面表现为价值取向、价值追求、价值目标；另一方面表现为价值尺度和准则，成为人们判断事物有无价值及价值大小、是光荣还是可耻的评价标准。思考价值问题并形成一定的价值观，是人们使自己的认识和实践活动达到自觉的重要标志。"[①]在各自的价值观引导下，每个人都形成了各自认为最有价值的不同的价值取向追求。价值具有十分丰富的内涵，一般可以分为物质性和精神性的价值，还有综合性、复杂性的价值，如人生价值。一个人的价值观是否科学、合理，价值取向是否正确，直接关系到其发展前途的顺利与否。人生价值是一种特殊的价值，是人的生活实践对于社会和个人所具有的作用和意义。

我国精神文明建设一直都将价值观教育作为一项基础工程和核心任务，高校的价值观教育是素质教育乃至思想政治教育的基础性工作。大学生正处于青年时期，在学习、生活等各方面，正面临着诸如如何处理个体和社会的关系，如何处理自我价值与社会价值的关系等各种问题。改革开放以来，大学生价值观一直处于分化和整合的状态，在社会价值和自我价值、精神价值与物质价值、义与利之间摇摆不定。新时期大学生只有正确地理解价值观尤其是人生价值的内涵，明辨是非善恶，才能在实践中最大限度地创造人生的价值，做一个真正对人民、对国家、对社会有利的人，成就人生的辉煌。

（四）道德观教育

在现代社会中，道德这个概念的科学含义包括三个方面的内容：一是行为规范，即社会的要求表现为道德的外部形式；二是表现为内在个人品质（人格）规范，即个体的内在约束力；三是肯定自己、发展自己、完善自己的特殊方式，

[①] 教育部. 思想道德修养与法律基础[M]. 北京：高等教育出版社，2006：52.

表现为人类自我完善的一种手段。道德通过社会舆论、传统习俗和人们的内心信念来维系，是对人们的行为进行善恶评价的心理意识、原则规范和行为活动的总和。

1. 道德观教育的内容

道德观教育是大学生思想政治教育的基础性内容，经常进行道德观教育，有助于提高学生的精神境界，有助于建设社会主义物质文明、政治文明和精神文明，粉碎西方"和平演变"的阴谋。道德观教育主要包括以下几方面内容。

（1）为人民服务教育。为人民服务是社会主义道德的核心，要坚持进行为人民服务教育。把为人民服务作为社会主义道德的核心，是中国共产党人在伦理思想上的一大贡献。以毛泽东为代表的老一辈无产阶级革命家，在中国革命和建设实践中，丰富和发展了无产阶级的革命人生观，并将其生动地概括为"为人民服务"。

把为人民服务作为社会主义道德的核心，是社会主义制度的本质要求。"社会主义的本质，是解放生产力，发展生产力，消灭剥削，消除两极分化，最终达到共同富裕。"[①]道德作为一种特殊的社会意识形态，一定要反映社会主义的本质要求，归根结底就是维护好最广大人民的根本利益。为人民服务的内涵非常丰富，它以人民的利益为言行的宗旨，任何时候都将人民群众的利益放在首位；相信群众，依靠群众，尊重群众，全心全意为人民服务；关心人民的物质生活和精神生活，一切对人民负责；维护人民的利益，敢于同一切损害国家利益和人民利益的言行作坚决的斗争。

在发展社会主义市场经济的新形势下，教育和引导新时期的大学生树立牢固的为人民服务的道德观具有重要的意义。

（2）集体主义教育。集体主义是社会主义道德的原则，同时也是社会主义的本质要求，它体现了无产阶级和劳动人民的整体利益，正确地反映了集体利益与个人利益的关系，贯穿于整个无产阶级道德规范和范畴之中，是无产阶级道德区

[①] 邓小平文选（第三卷）[M]．北京：人民出版社，1993：373.

别于其他剥削阶级道德的根本标志。集体主义道德原则是以最广大人民的最根本利益为出发点的，实行集体利益与个人利益的有机统一，当个人利益与集体利益发生冲突时，要维护集体利益。在社会主义现代化建设实践中，在处理国家、集体和个人三者的关系时必须遵循集体主义道德原则。在进行集体主义道德原则教育时，应注意划清个人利益和个人主义的界限。我们反对资产阶级个人主义，但这并不是说要完全排斥正当的个人利益。对于正当的个人利益，不仅不应当反对，相反还应该予以保护。在社会主义市场经济条件下，划清正当的个人利益和个人主义的界限更具有重要的现实意义。

（3）社会公德教育。社会公德是全体公民在社会交往和公共生活中应该遵循的行为准则，涵盖了人与人、人与社会、人与自然之间的关系。在现代社会，社会公德已经成为公民个人道德修养和社会文明程度的重要表现。

对大学生进行社会公德教育，就是要向他们大力倡导以文明礼貌、助人为乐、爱护公物、保护环境、遵纪守法为主要内容的社会公德，鼓励他们成为一个符合社会要求的好公民。当前，我国大学生遵守社会公德的状况，总体是好的，但还是存在着一些不良状况。因此，必须进一步加强社会公德教育，提高大学生遵守社会公德的自觉性。首先，要进一步提高大学生的科学文化素质、人文素质和心理素质，这是一项长期的工作。其次，建立全方位的社会公德教育体系。将学校教育与家庭教育、社会教育紧密结合起来，相互配合，相互促进。再次，开展多样化的社会公德实践活动。在实践活动中突出思想内涵，强化道德要求，使大学生的精神生活得到充实，思想感情得到熏陶，道德境界得到升华。最后，营造有利于社会公德教育的社会氛围。一切思想文化阵地、一切精神文化产品，都可以成为宣传和倡导社会公德规范的平台，通过这些平台大力宣传良好的社会公德行为和品质，坚决批评违反社会公德规范的各种不道德行为和错误观念，帮助人们辨别是非，抵制假恶丑，为推进公民社会公德教育创造良好的舆论文化氛围。

（4）职业道德教育。职业道德就是指从事一定职业的人在职业生活中应当遵循的具有职业特征的道德要求和行为准则，职业生活中的法律，是指从事一定职业的人在履行本职工作的过程中必须遵循的法律规范。

（5）家庭美德教育。家庭美德是每个公民在家庭生活中应该遵循的行为准则，涵盖了夫妻、长幼、邻里之间的关系。家庭生活与社会生活密切联系，正确对待和处理家庭问题，共同培养和发展夫妻爱情、长幼亲情、邻里友情，既与每个家庭的美满幸福有关，又利于社会的安定和谐。

进行家庭美德教育，就是要大力倡导以尊老爱幼、男女平等、夫妻和睦、邻里团结为主要内容的家庭道德，鼓励人们在家庭里做一个好成员。首先，要引导人们树立"老吾老以及人之老，幼吾幼以及人之幼"的观念，作为子女，要懂得孝敬父母，敬重长辈，不仅提供他们所需的物质生活需要，也要关心他们的精神生活；作为家长，要精心抚育子女，以平等、民主的态度对待孩子，鼓励他们自强自立、积极向上。其次，要引导人们树立男女平等的观念，夫妻之间要实现权利和义务上的平等、人格地位上的平等，要平等地对待自己的子女；在引导人们正确处理夫妻关系，是他们互敬、互爱、互信、互谅，忠诚爱情，珍惜、保护、发展已经建立起来的情感。最后，要引导人们正确处理邻里关系，邻里之间要以礼相待，做到互谅互让、互帮互助、宽以待人、团结友爱。

2. 德观教育在社会主义市场经济发展中的基础作用

人、社会、道德教育三者的统一，要求现代道德教育与现代人、现代社会的统一。然而所谓现代人、现代社会不是抽象的，而是具体的、历史的。当前正在推进着现代化的中国社会的一个重要特征，就是建设社会主义市场经济。在社会主义市场经济的建设过程中，必须重视社会主义市场经济论理建设。而在建设社会主义市场经济的伦理精神的过程中，必须重视道德教育的基础性作用。

在市场经济大潮的冲击下，有人对几十年来形成的我们的学校道德教育传统发生了怀疑，以为市场经济活动中所产生的新观念是与已形成学校道德教育传统的观念完全相抵触的。然而社会主义市场经济则要求我们一方面继承人类社会既有发展成果，另一方面在马克思主义科学思想指导下在新的历史条件下实现对历史的超越。因此建立社会主义市场经济新体制的改革不是对以往实践的否定，那么体现社会主义市场经济精神的道德教育就也不是对以往几十年形成的学校道德教育传统的根本否定，反而要重视道德教育，实现道德对当代社会主义市场经济发展的基础规范作用。因为道德教育一方面是对人类已有道德的传承，是人类文明的精华成果，另一方面是对当代社会发展的深刻反思，是对社会主义市场经济伦理精神重构的一种表现。道德教育本身就包含着传承与突破两个方面，与社会主义市场经济建设的步骤是相一致的。

爱国主义、集体主义和社会主义思想是学校道德教育的主旋律，更是当代社会主义基本伦理精神的主旋律。爱国主义中理所当然的包含了热爱社会主义的基本内容，要求国家的每一个公民都要以主人翁的姿态参与到社会主义建设中来，维护社会主义经济社会的稳定有序发展。而稳定和发展则是社会主义市场经济的基础，显然这与社会主义市场经济的基本伦理精神是不谋而合的。集体主义是社会主义道德体系的主导价值取向。真正的集体是完全独立的、富有个性的人组成的联合体；没有富有个性的人，就没有这一集体，当然也就谈不上集体主义。因此，集体主义道德教育在阐述集体观念的作用之时，并没有否定人的发展，反而强调人的全面发展在社会主义市场经济建设中的基础性作用。因为一个集体要发展、要壮大，必须依靠集体成员的发展，而不是消灭成员的发展。在社会主义市场经济建设中，集体主义道德观念通过强调个人和整个集体的共同发展，发挥人的积极性，奠定了社会主义市场经济发展的基础作用。

二、新时期大学思想政治教育内容的先进性

大学生思想政治教育内容的先进性是指大学生思想政治教育内容始终反映当代社会最先进的文化和思想潮流，而被纳入大学生思想政治教育中的社会主义核心价值体系则是其中的一个代表。

(一) 社会主义核心价值体系教育

当今世界，经济全球化深入发展，科技进步日新月异，国际竞争日趋激烈，知识越来越成为提高综合国力和国际竞争力的决定性因素，人才资源越来越成为推动经济社会发展的战略性资源，这就更加突出了教育的基础性、先导性、全局性的地位和作用。中国的未来发展，中华民族的伟大复兴，归根结底靠人才，而

新媒体视野下大学生思政教育创新探索

教育则是人才培养的基础所在。高校是传播知识、传承文化、研究学问、追求真理、创造思想、培养人才的重要场所，也是社会主义核心价值体系教育的重要阵地。因此，在大学生思想政治教育内容中融入社会主义核心价值体系，既是培养德智体美全面发展的社会主义建设者和接班人的内在需要，更是大学生思想政治教育内容先进性的要求，有助于改进大学生思想政治教育内容，引导大学生树立科学的价值观。

社会主义核心价值体系教育主要包括四个方面的基本内容：马克思主义指导思想、中国特色社会主义共同理想、以爱国主义为核心的民族精神和以改革创新为核心的时代精神、社会主义荣辱观。这四个方面的内容是相互联系、相互贯通、相互促进、有机统一的整体。坚持马克思主义的指导地位，就抓住了社会主义核心价值体系的灵魂；树立共同理想，就突出了社会主义核心价值体系的主题；培育和弘扬民族精神和时代精神，就把握了社会主义核心价值体系的精髓；树立和践行社会主义荣辱观，就打牢了社会主义核心价值体系的基础。因此，在大学生思想政治教育内容中融入社会主义核心价值体系，坚持用社会主义核心价值体系教育和引领青年学生成长、成才，体现了时代的先进性，对培养德智体美全面发展的社会主义建设者和接班人有着极其重要的意义。

1. 以马克思主义作为大学生思想政治教育的指导思想

我们已经提到，在大学生思想政治教育内容中应坚持马克思主义基本理论教育，这是思想政治教育中稳定性的内容。我国社会主义核心价值体系教育，首要的、基本的内容就是马克思主义价值理论教育，马克思主义价值理论是内涵十分丰富的综合性理论体系。为此，高校应充分发挥马克思主义理论研究、学习和宣传优势，在全社会普及社会主义核心价值体系教育，用马克思主义理论尤其是中国特色马克思主义理论教育大学生，这是思想政治教育内容先进性的要求，也是引导大学生正确成长、逐步树立起科学的价值观，更好地实现人生价值的要求。

马克思主义理论是社会主义核心价值体系的基础理论性和前提性内容，是社会主义核心价值体系的理论基础。马克思主义始终严格地以客观事实为根据，总是随着时代、实践和科学的发展而不断发展。我们必须始终坚持用发展着的马克思主义和中国特色的马克思主义武装全党、教育人民，这样才能真正发挥马克思主义认识世界和改造世界的强大思想武器作用，才能真正使马克思主义成为我们的行动指南。我们是社会主义性质的国家，因此，必须坚持以马克思主义为高校校园文化的指导思想。马克思主义要发展，就必须不断地从各种文化形态中汲取精华，不断融合多种文化冲撞中产生的思想火花，从而使马克思主义理论宝库得以不断地丰富和充实。为此，大学生思想政治教育应坚持马克思主义指导思想，并充分发挥自身优势，融合多种文化，为马克思主义的发展提供不竭的实践与理论源泉，使大学生思想政治教育始终保持内容的先进性。

2．以中国特色社会主义共同理想作为大学生思想政治教育的主题

坚持中国特色社会主义共同理想，是大学生思想政治教育的稳定性内容，应始终坚持不变，我们已经在前文内容中做了详细论述。但同样它也是社会主义核心价值体系教育的基本内容。在这里我们就不详述了，总之，将社会主义核心价值体系教育融入大学生思想政治教育内容中，其中就要牢固树立中国特色社会主义共同理想，这样才能使广大青年大学生产生经久不衰的动力，使他们既看到中国特色社会主义事业面临的挑战和困难，又看到中国特色社会主义事业旺盛的生命力，促使他们在构建社会主义和谐社会，加快社会主义现代化建设的历史进程中建功立业。

3．以爱国主义为核心的民族精神和以改革创新为核心的时代精神作为大学生思想政治教育的主旋律

以爱国主义为核心的民族精神是社会主义核心价值体系的精髓，树立爱国主义为核心的民族精神，要求我们必须了解自己民族的历史，知晓民族文化的精华，只有这样才能继承和发扬光辉灿烂的民族文化，树立起民族自豪感，增强民族自信心。

通过历史经验，我们可以知道学校总是和国家、民族的命运联系在一起，是继承和弘扬民族精神的重要媒介。可是，一些大学生却不思进取、不遵守校纪校规、不尊重历史文化。学校应当进一步地完善创新激励机制，从物质上、精神上对学生给予鼓励，为其不断创新提供更好的基础。改革现有的奖励机制，重重奖励那些在学习、工作等方面有创新、有突破的学生，逐步形成学生爱创新、争创新的精神风貌，使思想政治教育具有良好的氛围。学校还应大力宣传传统民族文化，随着中国社会的发展进程的深入，越来越多的人认识到，只有经济发展是不够的，必须伴之以一种具有强大凝聚力的文化认同力量，这种文化力量应该是与经济创造力相辅相成的。学校要把以爱国主义为核心的民族精神和以改革开放为核心的时代精神作为大学生思想政治教育内容的重要组成部分，推动校园文化建设，通过多种多样的校园文化活动，如讲座、选修课、征文比赛、辩论赛等，把学生吸引到民族文化的学习和领悟活动中来，引导学生树立坚定的民族自尊心和自信心。使学生能够自觉地形成维护国家利益、推动民族进步的精神动力，自觉地以实际行动来宣传民族精神。

（二）网络道德教育

这里论述网络道德教育是为了说明大学生思想政治教育的另一个特征：大学生思想政治教育内容能够针对当代社会环境的变化做出最为积极的反应。一个体系是否先进，不仅仅存在于他是不是引进了当代社会发展最先进的文化成果，还存在于他是否能够有效回答当代社会的问题。网络是当代社会发展的一个新空间，存在着很多的问题，已经影响到当代大学生思想的健康发展。大学生思想政治教育必须给出有效的回应。

网络道德教育是道德教育的拓展性内容，是时代发展的产物，体现了思想政治教育内容的先进性。美国未来学家阿尔温·托夫勒在《第三次浪潮》一书中指出："电脑网络的建立与普及将彻底地改变人类生存及生活的模式。而控制与掌握网络的人，就是人类未来命运的主宰，谁掌握了信息、控制了网络，谁就拥有整个世界。"互联网的传播使整个社会生活产生了重大的变革。思想政治教育要占领网络制高点，保持社会主义思想政治道德观念在我国网络领域内占据统治地位，并致力于培养社会主义"四有"新人。

网络道德教育主要是引导大学生树立科学的网络观。应注重从道德角度引导教育对象正确认识计算机和网络，提高人们对网络信息的辨别能力。同时对网络道德建设、管理与使用特别是用户的网上活动与道德关系保持清醒。网络道德教育还包括网络道德规范教育，即建立什么样的网络道德规范以及如何对待这种规范与社会伦理规范的冲突，旨在使人们明确，我们所倡导、鼓励或允许的是怎样的网络行为，所反对、禁止的又是什么样的网络行为。倡导网上平等、友好相处，尽可能合理、有效地利用网络资源，保障网络活动中参与者能够互利互惠，并且坚决不逾越网络"道德底线"——不从事有害于他人和社会的网络活动等。现如今，大学生思想政治教育内容只有以时代特征出发为出发点，保持先进性，才能坚守思想阵地。我们要从实际出发，借鉴并吸收他国网络道德教育的经验，针对不同对象，制订并实行具有中国特色的、与中华传统美德及社会主义道德相互兼容的、切实可行、行之有效的网络道德规范。在社会主义荣辱观的指导下，加强网上内容建设，广泛开展网络道德教育。

大学生思想政治教育内容的基础性与先进性是协调统一的，要在保持基础性的基础上，时刻关注时代步伐，保持内容的先进性。如果只有大学生思想政治教育内容只是具备基础性，缺乏先进性，就不能满足当前社会发展的需要，不能满足当前学生发展的需要，是不可能达到实际的教育效果的；反之，如果只有先进性，缺乏基础性，则使大学生思想政治教育内容失去"骨架"，是无法支撑整个思想政治教育过程的。为此，大学生思想政治教育内容必须在保持先进性的前提下，稳定其基础性。

第三节　大学生思想政治教育的科学性与时代性

高校肩负着培养大学生人才的重要任务，大学生的思想政治素质、科学文化素质、道德素质等对其健康成长将有着深远的影响。在对大学生思想政治教育内容进行创新时，如何保障其科学性与时代性的统一是摆在我们面前必须回答的重要课题。科学性，即大学生思想政治教育内容要符合客观实际，遵循客观规律，实事求是；时代性，即大学生思想政治教育内容要体现当前的政治生活和经济生活需要以及人们的思想观念变化，要具有时代气息。

一、大学生思想政治教育内容的科学性

大学生思想政治教育内容的科学性主要体现在其指导思想上。当前大学生思想政治教育内容以马克思主义为指导思想。党的十六届三中全会明确了大学生思想政治教育要"坚持以人为本，树立全面、协调、可持续的发展观，促进经济社会和人的全面发展"。因此在大学生思想政治教育内容构建中，要坚持大学生思想政治教育内容以马克思主义为指导，坚持以大学生为本，坚持大学生的全面、可持续发展。

（一）以人为本与大学生思想政治教育

"坚持以人为本"是大学生思想政治教育的出发点。坚持以人为本，是创新教育发展理念、转变教育发展方式、破解教育发展难题，克服发展瓶颈，提高教育发展质量和效益的必然选择，也是促进人的全面发展、构建和谐校园的必由之路。大学生思想政治教育必须坚持以马克思辩证唯物主义和历史唯物主义的科学方法论为指导，坚持以人为本的方针和原则，以大学生为本，以大学生为核心。

以人为本，是马克思主义基本观点的充分体现。我们从事的是建设中国特色社会主义的伟大事业，势必要坚持以人为本，一切为了人民，一切依靠人民。坚持以人民为本的理念，是紧跟时代步伐，贯彻"三个代表"重要思想，发扬党的优良传统和作风的具体体现。大学生思想政治教育必须要在落实科学发展观教育过程中，始终贯穿着以人为本，即以大学生为本，以学生成长成才为中心，这既是适应时代发展的需要，也是创造性地开展思想政治工作的需要，更是促进大学生综合素质全面提高的需要。为此，高校要始终把加强和改进大学生思想政治教育作为全面推进学生素质的重要组成部分，要把德育与智育、体育与美育有机结合起来，并进一步渗透到校园文化活动中，引导大学生学会做事、做人，使其打开视野、丰富知识，增长创新精神和创新能力，同时，在增长科学文化知识的过程中提升思想政治素养，知行合一，德才并进。

（二）全面发展与大学生思想政治教育

全面发展即"坚持教育为社会主义现代化建设服务，为人民服务，与生产劳动和社会实践相结合，培养德、智、体、美全面发展的社会主义建设者和接班人"。

"德""智""体""美"是全面发展的主要内容。其中，德育是全面发展教育的方向和保证，智育是全面发展教育的核心，体育是全面发展教育的基础，美育是全面发展教育的重要内容，四者紧密联系，密不可分。如果能正确处理它们之间的关系，那么他们就会相互促进，相得益彰；但如果处理不当，这几个方面就会相互干扰，影响教学质量的提高。中共中央、国务院《关于进一步加强和改进大学生思想政治教育的意见》指出："加强和改进大学生思想政治教育，要以大学生全面发展为目标，深入进行素质教育。加强民主法制教育，增强遵纪守法观念。加强人文素质和科学精神教育，加强集体主义和团结合作精神教育，引导大学生勤于学习、善于创造、甘于奉献，成为有理想、有道德、有文化、有纪律的社会主义新人。"

（三）可持续发展与大学生思想政治教育

可持续发展是大学生思想政治教育的重要内容，可持续发展以人为核心，而大学生思想政治教育是针对人的教育，因此，大学生思想政治教育必须体现可持续发展理念。

大学生思想政治教育要坚持可持续发展，必须以科学发展观和社会主义核心价值观为指导，重视大学生当前发展与长远发展的有机结合，重视思想政治教育本身的全面、协调和可持续发展，把以人为本和全面、协调、可持续发展的理念落实在思想政治教育工作的每一个环节。对于在思想政治教育和人才认识上的一些不正确的观念，要予以转变，努力解决思想政治教育与专业教育"两张皮"以及"一手软一手硬"问题，同时，努力提高大学生思想政治教育内容的科学性和实效性，从根本上促进大学生思想政治教育内容的发展。

二、大学生思想政治教育内容的时代性

大学生思想政治教育内容的时代性主要指大学生思想政治教育内容要与时俱

进，根据时代的发展而实现内容的革新。大学生思想政治教育内容的时代性与大学生思想政治教育内容的变革性、先进性是相应的，都反映了时代的发展变化，而教育内容的时代性则更加深刻地回应了时代的需要。生命教育和生态道德教育就是在这样的语境下产生的。

（一）生命教育

随着大学生面对的学业、就业问题不断增多，社会上世俗文化对大学生思想的侵袭，大学生所面对的生命困扰日渐增多。正确回答生命价值，正视生命意义，已经成为我国大学生所必须经受的一项教育内容。

1．生命教育的内涵

生命教育也就是关于生命的教育，是为了生命而进行的教育。它是引导受教育者探寻生命之真，培植生命意识，追求生命意义，高扬生命情怀，获得生命价值的活动；通过生命教育，受教育者发现了生命，从而认识生命、关注生命、珍惜生命、敬畏生命、尊重生命、热爱生命、善待生命；在教育活动中受教育者能够深刻认知生命的意义，成为掌握生命的主体，在与内部自我以及外部世界（包括自然、社会和他人）的关系中和谐与共，不断提升生命质量和境界，实现生命价值，获得身心的健康发展和主体的全面自由发展。

2．大学生进行生命教育的必要性

开展生命教育有助于提升国民的整体素质，有助于促进大学生的身心健康成长，有助于促进高校的现代化教育发展。因此，必须加快学校教育的改革，从生理、心理和伦理等方面对学生进行全面、系统、科学的生命教育，引导学生善待生命，帮助学生完善人格、健康成长。

（1）个别大学生的精神状态相对较差。据调查，焦虑已经成为我国青少年学生生命成长中的沉重压力，但是现代教育却很少去关注学生的心灵世界，因而使一些青少年出现了负面情绪，如失落、迷茫、悲观、抑郁、消沉、绝望等，在这样的情绪或是心态影响下，他们很难找到生活的目标和方向，感觉不到幸福，不知道生活的意义与价值，出现了焦虑性病症，严重者甚至会为摆脱生命的困扰、得到生命的解脱而走向生命的不归路。

（2）自杀及其他暴力事件频繁。有调查显示，我国青少年的死亡原因中，自杀已经排在了第一位，很多人在自杀前只有非常短促的异常反应，给予有效救助的空间并不多，所以给常规的心理咨询带来很大难度。另外，近年来，青少年学生的暴力事件也是屡见不鲜。究其原因，是因为长期以来，家庭和学校在教育方面只是单纯地关注学生的知识和成绩，而对学生的生命关注，则明显不够重视，此外，社会上价值准则的迷失与暴力文化的泛滥也要负有相当的责任。

（3）生命教育自身的价值。一些国家和地区已经用实践证明了，生命教育不仅能够在消极方面避免自我伤害或自杀行为的发生，而且可以在积极方面使受教育者尊重生命、肯定生命的价值与意义，并达成自我实现及关怀人类的目标。同时，生命教育也有助于揭示教育的真谛，有助于实施素质教育，有助于改进道德教育。

3．大学生生命教育的主要内容

在新的历史时期，大学生思想政治教育面临着很多新情况、新问题。既有贫苦、就业等因素带来的心理、情感问题，也有独生子女、高校扩招等因素带来的生源参差不齐的问题，还有腐朽生活方式带来的不良诱惑问题等，这些都为大学生思想政治教育带来了严峻的挑战。而传统的教育方式方法已不能解决这些新出现的涉及生命意识、生命质量，乃至于人生观、价值观的问题。因此，在大学生思想政治教育内容中必须融入生命教育，通过加强学生的生命意识，使大学生能够正确地看待生命现象，教育学生要认识到生命的伟大与崇高、脆弱与无助；使学生感悟到生命的有限性、唯一性、不可逆转性，从而思考个体生命的存在价值，并在人生实践中实现其生命价值。具体来说，大学生的生命教育应包括以下几方面内容：

（1）珍重生命的教育。生命对于每个人来说只有一次，在滚滚的历史长河中，一个人的生命是非常短暂的，失去了就不可逆转，不能挽回；生命同时也是脆弱的，非常容易让鲜活的生命顷刻间画上句号。生活在现实中，人总会碰到各种磨难、痛苦、失意和挫折，或面对来自家庭、学校、社会等各方面的压力。在这种时候，一个人如果能够正确认识那些不如意，把它们看作生命必须经历的一部分，那么，那些消极的、负面的东西就有可能转变成为积极的因素；但对于当代的许多大学生来说，他们所缺少的就是耐挫力，所以，他们经常抱怨"累""没意思"，存在消极、懈怠心理。生命教育就是要让大学生找到无数的生存理由，而将那些非理性的、没有依据的选择一个个地排除，要让大学生深刻体会到生命的可贵，教育他们要怀有自爱之心，尊重生命，敬畏生命。

（2）生命价值的教育。每个大学生都渴望自己有一个美好的前途，但在大学里，他们经常面对的是与自己一样优秀，甚至是比自己更出色的同辈。在这样的群体中，他们中大多数人都只可能是非常普通的一员，这种从巅峰到低谷的心理落差使他们不禁怀疑自己存在的价值。另外，在一些错误思想和不良社会风气的熏染、影响下，一些大学生以为只有赚了大钱才能实现生命的价值。这是把生命的意义异化为物欲、权欲的满足和虚荣的表现。生命教育就是要对这些不正确的认知进行矫正，引导大学生意识到上大学只不过是进入社会之前的人生准备；大学生既要怀抱远大理想，也要脚踏实地，同时学会尊重他人、善待他人。

（3）生命安全的教育。"教育的目的应当是向人传递生命的气息。"生命的价值只有在生命存在的前提和基础上才能得以发展和提升。学校作为学生成长的守护者，不仅要关心学生知识的获得、精神的成长，而且还要防止任何可能伤害生命的行为发生，对学生进行生命安全教育，教会他们保护好自己的生命。可实际上，高校中仍然会发生一些大学生伤害生命和生命被伤害的事件。因此，高校应加强大学生的生命安全意识培养，使他们能够更好地保护自己和他人的生命；教育他们爱惜自己的生命不等于自私，引导他们树立正确的生命安全观已是大学教育的当务之急。

（二）生态道德教育

与生命教育面向当代大学生生命价值观不同，生态道德教育则是面向大学生人与自然关系问题的教育。环境问题已经日益成为我国社会关注焦点，转向资源节约型、环境友好型的发展方式已经成为我国社会普遍认同的基本观念。因此在未来的社会建设中，保持和改善我国社会发展方式自然要求我国社会对未来社会的建设者进行生态道德教育。这已经成为时代发展的必然要求。

1．生态道德教育的内涵

对于生态道德教育的内涵我们可以从以下几方面来理解：首先，生态道德教育是一种生态教育活动。它既不是生态伦理学，也不是生态道德。生态道德教育是根据生态道德原则和生态道德规范，有组织、有计划地向社会成员施予影响，把生态价值准则灌输或诱导进教育对象内心，使之转化为个人内在道德的一种教育行为。其次，生态道德教育是一种体验性、实践性很强的教育活动。生态问题是在人类社会生产和生活实践活动中逐渐产生的问题，我们要真正认识、了解和掌握生态问题，就必须要回归到社会实践中。生态道德教育的提出、研究和探索既是道德伦理面对人与自然关系的种种挑战而从内部产生的旨趣转向，同时也是对我们传统的知性论德育范式的重新审视和冷静反思。由于生态是一个不断演变和不断创生的运动过程，如果仅仅凭借理智无法把握生态、生命的真谛，为此，我们必须回归生活世界，回归自然之境，参与并融入一定的生态实践活动，这样才能使受教育者获得更多的生态体验和感受，培养他们对自然的善意、尊重和敬畏，打通人与自然的情感通道，激发他们对自然的情感认同。最后，生态道德教育赋予了德育以新的使命。生态道德教育是以传统的人际德育为基础，把长期以来形成的道德原则和道德规范从社会领域扩展到自然领域，指导人们科学地认识人与自然的关系以及人在生态系统中所处的正确位置。它旨在通过一系列实实在在的教育活动，以生态伦理为学理依据，运用新的"生态道德规范"，诱发和唤醒受教育者的生态意识、生态智慧，提高和完善受教育者的生态能力。生态道德教育的终极目的就是寻求一种合适的关系模式，实现人类与自然和谐共济的道德目标。

2．加强大学生生态道德教育的时代性体现

在大学生思想政治教育内容中融入生态道德教育是时代发展的客观要求，具体表现在以下几方面：

首先，加强大学生生态道德教育是适应 21 世纪人类生存形式的时代要求。人

类在改造自然和发展经济中，创造出了丰富的人类文明模式，物质文明、政治文明和精神文明作为人类的三种文明形式，是人类现代化的主要内涵。随着人类创造的物质和精神财富的不断增加，自然资源不断地被使用，人类开始重新审视自身的生存环境。在这样的背景下，一种新的文明形式随之诞生，即生态文明，它与物质、精神和政治文明有着同等重要的地位。在新的世纪，生态文明已经逐渐成为人类生存的主要形式，当代大学生作为社会发展的主要力量，他们应当有与时代发展相适应的观念，加强生态道德教育，养成良好的生态道德应成为他们自身的内在要求。

其次，是应对生态危机的时代要求。在经济快速发展的同时，资源短缺和环境污染问题已经成为制约我国经济社会发展的突出问题。除了体制、机制方面，思想观念方面的问题也是造成资源和环境问题出现与恶化的主要因素，而思想观念方面的问题主要表现为生态德育的缺失和滞后。生态危机的出现，需要我们在全社会加强生态道德教育、建构生态道德并形成生态伦理观念。大学生是国家的未来和民族的希望，是现代化事业的建设者和接班人，他们的思想道德和政治觉悟如何直接关系到中华民族的整体素质，关系到社会主义现代化目标的实现，同时也是直接关系到人类社会的发展、人类自身生存的重大问题。因此，我们一定要重点加强当代大学生的生态道德教育，以适应时代发展要求。大学生作为未来社会现代化建设的中坚力量，理应责无旁贷地承担起保护环境、实现可持续发展的历史重任。在高校道德教育中，加强大学生生态道德教育，既是顺应时代发展潮流的需要，也是包括青年大学生在内的人类生存的需求。

3. 生态道德教育的内容

生态道德教育的内容概括起来主要有以下四个方面：

（1）增强生态道德意识。生态道德意识是根据社会和自然的具体可能性、最优地解决社会和自然关系的观点、理论和道德情感的总和，它是社会和自然最优相互作用的条件。谋求人与自然的和谐，解决生态环境恶化问题，首要的任务是要唤起人们自觉保护生态环境的意识，对大学生进行生态道德意识教育，主要是帮助他们增强"四个意识"：

第一，生态危机意识。这种意识首先是要唤起大学生的资源有主意识、有限意识、有价意识。资源有主意识是指我们在利用资源时，既要考虑自身的、当前的、局面的利益，又要考虑他人的、长远的、全局的利益；资源有限意识是指自然界中可供人们利用的资源尤其是不可再生资源在逐渐减少；资源有价意识，是指资源不是任意无偿使用的，而是要计入生产成本的。这有助于社会生产做到合理使用资源，减少资源浪费。其次，要使大学生看到生态环境污染所普遍存在的诸如水土流失、淡水危机、雾霾、全球变暖等生态环境问题，使他们从理性上懂得这些问题所带来的危害。再次，要使大学生深刻认识到资源枯竭所导致的人类生存危机。资源枯竭主要有森林资源的枯竭、水资源的枯竭、土地资源的枯竭等。最后，要使大学生认识到人口爆炸带来的粮食短缺问题。进入新时期，粮食所带来的问题依然很严重，全球每年有大量的人口因粮食短缺导致营养不良甚至饿死。我国作为发展中国家，面临着严重的生态危机，在这种情况下，唤起大学生的生态危机意识，就显得尤为重要，这也是高校进行生态道德教育的前提。

第二，生态责任意识。首先是要使大学生明确责任意识是公民意识的理性化体现，是公民对自己在国家政治和社会生活中的角色的积极认识，这种意识的形成能使大学生积极主动地参与生态活动；其次，要使大学生明白这种责任意识是每个人都应当具有的意识，每个人都应当负有生态责任。最后，要明确地球是一个相互依赖、不可分割的复合系统，生态资源不是某一个地区或者国家私有的，而是全人类共同的 ，破坏生态资源不仅危害个体的生存,更危及整个人类的生存。

第三，生态规则意识。没有规矩不成方圆。对于增强生态道德意识来说，同样需要遵循一定的规则有序运行，即"和谐""共存""平等"。和谐指的是人口、经济、社会、环境与自然资源之间的和谐；共存是指人与自然界应该共存，不应无限制地向自然界索取；平等是指各国在自然资源和自然环境利用上享有平等的权利。

第四，生态共赢意识。生态共赢意识是人们在不同的利益、不同的价值观差异之下，保持社会和谐与稳定所应具有的一种意识。面对全球生态环境危机，当代大学生要形成共赢意识，还必须增强两点意识：合作和公正。合作是指环境问题需要世界各国的共同努力，需要人与人、地区与地区、国家与国家之间的配合与合作。公正是指世界各国无论贫富强弱，其在环境利用的权利和环境保护的责任和义务上都是平等、公正的。

（2）提高生态道德素质。培养"生态人"的首要任务就是要提高其生态道德素质，这也是生态道德教育的理性基础。对大学生进行生态道德素质教育，最重要的是要提高三方面的素质：

第一，生态科学知识。首先帮助大学生了解和掌握必要的生态科学基本知识，这是整个生态道德教育中最基础、最不可或缺的组成部分。生态科学知识包括地球生态知识与环境污染科学知识等，这应成为大学生的必备知识和应当具有的基本素质。其次，要帮助大学生树立正确的科学技术生态观。最后，要使大学生明确科学研究和技术不只是为增加人类福利，更重要的是要解决生态问题，保护自然、建设自然，促进人与自然的和谐共荣。

第二，生态道德规范习惯。生态道德规范习惯是生态道德的外在表现。对大学生进行生态道德规范教育，使他们形成不随便排污、不污染环境、不破坏森林草原、不乱捕野生动物等的道德习惯和道德风俗，并且遵循已成文的道德规范，如国家层面制定的生态道德公约、社区范围内制定的共同认可的行为准则、由各行业或单位制定的相应的生态道德守则、手册等等。通过教育大学生养成良好的生态道德规范习惯，使他们自觉规范并制约自己的言行，在全社会形成以爱护生态环境为荣、以破坏生态环境为耻的生态文明风尚，提高全社会的环保法律意识。

第三，生态法律法规意识。对大学生进行生态法律法规教育，首先要加强法律法规宣传，提升生态法律意识。对大学生进行环境保护法、森林法、土地法、野生动物保护法、水资源保护法等法律法规的宣传，增强他们的生态保护意识。同时，由于法律的强制性特点，可以约束大学生的生态道德行为，帮助他们树立新的生态人生观、自然环境观，增强履行生态道德义务的自觉性和理智性。其次，要将生态法律意识渗透到教学过程中，教育大学生在生活实践中知法、懂法、守法，并自觉形成生态法制观念。这既是大学课程教学的重要任务，也是生态道德教育的重要内容。通过宣传和教学，既能增强大学生的生态环境保护意识，又可以强化他们的生态法制观念，使他们懂得用生态法律意识自觉规范自身行为，并且能运用法律武器同一切危害生态环境的不法行为做斗争，为改善生态环境、营造人类幸福的家园、造福子孙后代做出应有的贡献。

（3）养成生态道德行为。生态道德行为的养成，是生态道德教育的实践目标，也是生态道德教育的具体体现。新时期，大学生生态道德行为的养成，要做到以下几点：

第一，善待自然。大学生在善待自然、保护生态环境方面首先要做到热爱自然、尊重自然、保护自然（包括人化自然）。人是自然的朋友，热爱、尊重、保护自然就是热爱、尊重、保护人类自身，人应该是自然的建设者和保护者，而不应该是破坏者，人与自然应和谐共存。其次，要珍惜自然资源，节制资源的使用与开发，尤其是珍惜和节制非再生资源的使用与开发，并完善资源的使用方式与开发方式。为改善生态环境，减少地球污染，当代大学生要改变既有的生活方式，养成新的社会风气、新的生活时尚。最后，要维护生态平衡，珍惜与善待生命，特别是动物生命和濒危生命。"没有买卖，就没有杀害"，为救助野生动植物，我们必须改变我们的生活价值和生活方式，对于那些野生动植物制品，大学生更要坚决抵制和反对，要保护脆弱的生物链，养成主动和自觉地对社会和自然的责任感。

第二，科学消费。消费是人类生存发展的基本条件，也是体现人与自然关系的基本领域。但我们在这里着重强调的是科学消费。所谓科学消费首先是要求大学生要养成生态消费习惯。生态消费是一种能满足人类生产和生活要求，但又不会对生态资源、生态环境造成危害的消费行为。它的核心是绿色消费。对于大学生来说，要在生活的各个方面都提倡绿色消费，自觉抵制、坚决反对消费那些对环境有污染或者高耗费资源的商品。其次，科学消费是要求大学生养成可持续消费习惯。在日常消费中，当代大学生应体现节约资源、减少污染、环保选购、重复使用、分类回收、循环再生、保护自然的理念，这样才能养成可持续消费习惯，这种消费习惯最大限度地减少了对能源的消耗和对环境的破坏。再次，科学消费是要使大学生养成适度消费的习惯。适度消费就是对环境友好的合理消费，在大学生中倡导环境友好的消费方式，使人人做到适度消费，有助于大学生养成勤俭节俭、艰苦奋斗、朴素实在的优良作风。总之，通过对大学生进行生态道德教育，使他们具备新自然观、科学发展观和健康合理消费观的知识，使科学消费成为人类实践消费道德的一种新境界。

第三，人际关爱。大学生要养成人际关爱，首先，要明确生态道德教育不能完全否定传统的道德教育观，而是要从生态道德教育的角度去重新审视与人之间的关系。它要求当代大学生在人际关爱养成上要体现两个方面：①消除性别歧视、种族歧视，正确看待人际、国际等的竞争，既要满足本身的、本国的正当利益和需要，又要尊重他人、他国的正当权益；以凸显性别之间、种族之间的生态共生关系；②要深刻认识上代或几代人所造成的生态危机及其对当代人生存与发展的威胁，从而为了子孙后代的可持续发展，而养成自觉保护和优化生态环境的意识、习惯与能力。其次，要使大学生确立适度的人口观。这是人际关爱的重要体现。人在创造物质财富的同时又损害了自然资源和生态环境，人口的数量不能超越资源的承载能力和环境的修复能力。要引导大学生充分认识人口增长过快不利于资源、环境、生态系统的休养生息，必然导致资源短缺、环境退化与生态系统的紊乱。在生态道德教育中纳入适度的人口教育，有助于培养大学生的人口意识，使他们进入社会后，能担负起合理生育的道德责任，养成合理生育的道德行为。同时，还要引导大学生在思想深处树立起男女平等、独立、相互尊重的意识，预防和消除传统的男尊女卑、限制女性生存和发展的思想。

大学生思想政治教育内容的时代性还体现在许多方面，如个性教育、创业教育等。大学生思想政治教育内容的科学性与时代性是紧密相连的，要保持思想政治教育内容的科学性，就必须紧跟时代发展步伐，体现时代性，而时代性必须以科学性为基础，这样才能正确地解决时代发展所面临的问题。因此，大学生思想政治教育内容必须既具有科学性，又紧跟时代步伐，体现时代性。

第四章　大学生思想政治教育的方法理论的丰富

现代社会的迅速发展，使思想政治教育的社会环境发生了深刻而复杂的变化。反映在大学生身上，就是思想活动的独立性、选择性和多变性等特征的增强，其思想观念和思想活动方式已呈现出复杂多样的态势。这些新变化使现有大学生思想政治教育工作方法在许多方面鞭长莫及，如长期采用的显性教育方式渐露局限性、自我教育对象呈现出鲜明的主体性失落状况、传统文化热衷的方法滥用等问题客观上都要求大学生思想政治教育工作方法进行改革创新。

第一节　大学生思想政治教育的灌输与启发

灌输与启发是对大学生进行思想政治教育的第一层面，在这个层面上的教育方法为理论教育法，也就是通过马克思主义基本原理、思想观念的传授、学习、宣传进行教育的方法，即理论教育法，是大学生思想政治工作者按照思想政治教育教学目标要求，通过一定的教学设计，在课堂上实现大学生对马克思主义的理论学习，使大学生树立正确的世界观、人生观、价值观的教育方法。

一、新时期大学生思想政治教育灌输与启发的必要性

（一）是对大学生进行社会主义意识形态教育的需要

青年一代的人生意识既是一种个人意识，即个人对生活目的、生活意义的相对稳定的看法和态度、也是一种社会意识，即一定阶级、一定社会集团的意识形态。现实社会中的各种各样的人生观不仅是现实社会关系的折射，而且是一种历史文化和民族传统文化的沉积与演变。它一旦形成，就会成为推动或阻滞社会进步的重要的精神力量。每个国家的精神文明建设，都离不开对新一代公民进行科

学进步的人生意识的教育。要对青年进行社会主义意识形态的教育，必须加强思想政治理论的灌输与启发。

（二）是促进社会主义市场经济发展的需要

社会主义市场经济为我们探索社会主义的发展提出了一条崭新的思路，其中最重要的问题是坚持市场经济的社会主义性质，既保持社会主义制度的优越性又使经济发展有较快的增长速度。在社会主义制度与市场经济结合的相当长的磨合时期中，需要加强社会主义意识形态的系统灌输，并使之与市场经济相联系。思想政治教育作为经济发展的一个重要因素，它在经济发展中的作用表现在协调、整合及对经济行为进行规范、约束和激励等功能上。对大学生进行思想政治理论的灌输与启发，在市场经济深入发展过程中，是进行思想政治教育不可或缺的方式。

（三）是满足信息技术的发展尤其是网络技术发展的需要

信息技术特别是网络技术的发展给人们的思想观念带来了巨大的冲击。在网络中，传播的信息种类多、含量大、速度快、更新频繁、手段现代化，具有浓郁的知识氛围，这对青年人全面成长与发展极其有利。但其中的多元化、庞杂化的信息，特别是西方意识形态的无时不在的渗透，也对人们尤其是青年人的思想意识产生了不可忽视的影响和熏染。这就要求我们必须利用现代化的教育技术，采取相应的措施。伴随全球信息化的进程，如何对大学生进行更有效的思想政治理论灌输与启发，加强教育的效果，是思想政治教育面临的重要任务。

二、大学生思想政治教育灌输与启发的理论依据

之所以要有理论灌输与启发，是因为政治理论、思想观念、道德原则等精神文化，有其自身的发展规律和特殊作用，这就是意识的相对独立性和它对社会存在的反作用。这种相对独立性和反作用在人的思想和行动方面的表现，就是人的自觉能动性。人的"自觉能动性"，也叫人的"主观能动性"。人的自觉能动性，就是有意识、有目的的活动。人的实践，必然受一定的思想、理论支配，或者受正确的思想和理论的支配，或者受错误的思想和理论的支配，不受任何思想和理

论支配的人的实践活动是没有的。动物的活动，是一种适应环境的本能活动，它是不受思想和理论支配的。人的实践活动，是绝对不能离开思想和理论指导的，因为只有思想和理论，才能引导方向、确立目标。同时，一定的思想和理论由人们学习、掌握之后，便成为人们内在的精神力量，也是人们特有的主观能动性，包括人们的信念、理想、道德、情感、意志等。这些精神因素既不是人们自发形成的，更不是凭空产生的，是人们在实践过程中学习、认同、运用一定思想和理论的思想成果。理论、思想的学习和掌握、运用和创立，在一定的情况下，起着决定性的作用。

从上面的分析可以看出，人的自觉能动性理论，说明了人对理论、思想、精神的需要与追求，而这种需要与追求的途径和方式，就是理论教育法或理论学习法。因而，人的自觉能动性理论，决定了理论教育法产生的必然性。早在20世纪初，列宁在《怎么办》中提出了著名的灌输理论。他指出，"我们说，工人本来也不可能有社会民主主义的意识。这种意识只能从外面灌输进去，各国的历史都证明：工人阶级单靠自己本身的力量，只能形成工联主义的意识，即确信必须结成工会，必须同厂主斗争，必须向政府争取颁布对工人是必要的某些法律，如此等等。而社会主义学说则是从有产阶级的有教养的人即知识分子创造的哲学理论、历史理论和经济理论中发展起来的"[1]。"阶级政治意识只能从外面灌输给工人，即只能从经济斗争外面，从个人同厂主的关系范围外面灌输给工人。只有从一切阶级和阶层同国家和政府的关系方面，只有从一切阶级的相互关系方面，才能汲取到这种知识。"[2]列宁认为，为了向工人灌输政治知识，社会党人应当到居民的一切阶级中去，应当派出自己的队伍分赴各个方面，而且要反复耐心地教育工人阶级、农民阶级。列宁指出："特别注意加强和巩固劳动者的同志纪律，并从各方面提高他们的主动性和责任心。这是彻底战胜资本主义，战胜生产资料私有制的统治所造成的习惯的最主要的方法，甚至是唯一的办法。要达到这一目的，就需要坚持不懈地耐心地重新教育群众。"[3]

---

[1] 列宁选集（第一卷）[M]. 北京：人民出版社，1995：318.
[2] 列宁选集（第一卷）[M]. 北京：人民出版社，1995：363.
[3] 列宁选集（第三卷）[M]. 北京：人民出版社，1995：747.

尽管今天的社会已不同于列宁当时所处的社会历史条件，但灌输原理并没有过时。马克思主义的科学世界观和方法论，是不可能不学而知、不教而会的，同样需要通过各种不同方式和途径的学习、教育，才能在头脑中确立起来。因此，在新的历史条件下，我们进行马克思主义理论教育、宣传之外，同时要通过人民群众的相互教育和启发，引导人们在个人、家庭和所在单位的局部利益和眼前利益以外，充分认识社会和阶级的整体利益，认清自己的历史地位和社会责任，引导群众尤其是大学生向更高的思想境界和更高的实践阶段发展。

三、大学生思想政治教育灌输与启发的具体方式

对大学生进行灌输与启发，应注意几点：一是要采取启发式方法，循序渐进地进行引导，防止填鸭式方法；二是要讲究针对性，讲解既要全面，又要抓住重点，找到理论与现实的结合点；三是要平等对待、尊重大学生；四是要深入浅出，以理服人，讲究理论教育的艺术性。常用方法有以下几种。

（一）课堂讲授讲解法

课堂讲授讲解法是教育者通过口头语言向受教育者传授科学理论的教育方法，既适用于传授马克思主义理论知识，也适用于针对思想实际阐述政治思想道理。课堂讲授主要是指思想政治理论课的课堂讲授。大学的思想政治理论课是大学生思想政治教育的主阵地。搞好课堂讲授，要力求做到以下几点：

1．明确教学目的，激发学生的学习兴趣

思想政治教学过程的第一步，就是激发大学生的学习兴趣。兴趣是学生在学习活动中自觉能动的心理状态，是一个很有效能的因素。有兴趣的学习，其效果就好；无兴趣的学习，往往敷衍了事。因此，教育者要精通思想政治课程理论，掌握教材内容，对影响学习兴趣的诸多因素给予足够的重视，特别是大学生自我提高的需要，更是他们学习活动的主要动力。思想政治教育者不能只注意他们在课堂学习中的外在表现，更要设法了解他们在进行这些活动时的心理状况及心理过程，研究他们在思想政治课学习过程中的心理规律，以便有效地培养他们的思想政治实践能力。

2．注意讲授讲解法的层次

讲授讲解法有两个层次，即"述"与"解"。所谓述也就是讲授，以叙述和描述的形式对有关思想政治品德形象、现象、有关理论的发展过程进行讲授，这种方式将思想政治品德要求作为一种理论知识对学生进行教育。这是讲授讲解法的第一层次，让受教育者了解一定社会思想政治品德要求和理论是什么样子及其来龙去脉。第二个层次是解，所谓解也就是讲解、分析和论证，对有关思想政治品德要求和理论进行深入探讨，系统而严密地进行论证，使受教育者理解社会思想政治品德的要求和有关理论，从而为其"内化"奠定基础。

3．进行启发式教学

设置疑问、以疑造势是营造良好的课堂气氛的重要途径。提问具有激发作用，可以触及学生的求知心，使学生产生疑惑之情，从而激发思想上的波澜。大学生正处于思想认识向前发展的积累阶段，他们不仅对各种问题感兴趣，而且并不满足于接受某种现成的结论。他们喜欢独立思考，进一步钻研，并在朋友间展开争论，寻求令人信服的答案。这一心理特征，是思想政治教师进行教学的有利条件，因为任何研究，总是从提出疑问开始的。思想政治教育者要有高度的政治责任感和使命感，要善于设疑，引导大学生自己发现问题，积极思维，调动他们思想政治学习的自主性，造成学生钻研和探索思想政治问题的良好情势。

（二）理论学习法

理论学习法是人们通过有组织的集体学习或个人学习来掌握马克思主义理论和党的路线、方针、政策的方法，是一种自我灌输的方法。运用理论学习法必须坚持理论联系实际，有效地解决实际问题，并在解决实际问题的过程中加深对理论的理解。理论学习法有个别谈话法、讨论法、阅读书报法等具体方法。

1．个别谈话法

个别谈话法是教育者采用交谈的方式，引导教育对象运用事实、经验和政治理论、道德原则，分析和解决思想问题和现实问题的方法。这种在个别交谈中进行的教育方法，不仅能够彼此沟通思想、交流感情、增强信赖，从而解除教育对象的思想顾虑，把思想脉搏搞清楚，而且易于集中教育对象的注意力，启发教育对象开展积极主动的思维活动和思想斗争，增强教育针对性，提升教育效果。实施个别谈心法需要注意：一是谈话要富有感情，善于同教育对象交朋友；二是要根据外界环境的状况和教育对象思想实际选择合适的谈心时机；三是注意掌握谈心的合理程序，导入、转接、正题和结束，在不同阶段处理好相应任务，从而使谈心顺利有效地进行；四是对于谈心中了解到的情况，如果是对方要求"保密"而又必须在一定组织范围内加以解决的问题，应严格组织纪律，不得任意扩大传播范围。

2. 讨论法

讨论法是指思想政治教育者组织大学生围绕一个主题，通过对不同观点的争辩，交流看法，共同探讨和论证，从而提高思想政治素质的形式。思想政治理论课、党团组织活动以及日常的思想政治教育，都可以组织大学生就某一问题进行讨论。讨论的形式可以多种多样，比如辩论赛就是大学生经常开展的一种思想政治教育活动，很受大学生欢迎。

3. 阅读书报法

阅读书报法是组织大学生学习党的路线、方针和政策，提高思想政治觉悟的常用方法。无产阶级革命导师一向都把报刊视为传播真理、唤醒人民、组织队伍的重要手段，并把它作为党与人民群众联系的精神纽带。报刊同书籍相比，虽然政策性、时事性强，理论性、系统性有所不足，但它出版周期短，信息含量大，能及时反映情况，干预生活，进行导向，因此读者面广，影响力大，是进行思想政治教育的有效途径。在校大学生通过报刊的学习，可以及时了解时代的动向，提高了解执行党的路线、方针和政策的自觉性，从而有利于明确方向，统一认识，统一行动。开展读报刊、用报刊活动，要同思想政治教育的具体要求结合起来，对报刊的内容要有选择，对大学生的阅读要有引导。

4. 研究性学习法

在当代大学生思想政治教育过程中，高校教育者不再仅仅是向大学生传授理论，而是主要教授学习、运用的方法。大学生学习和掌握理论也不再是被动地接收和储存，而是通过自己的探讨，结合实际能动地运用理论、发展理论。芝加哥大学教授施瓦布根据现代学习的特点，提出了学习实际上是"探究的过程和探究的方法"，以此来满足受教育者创造力培养的需要。布鲁纳的发现教学法也体现了受教育者的探究性与自主性，"发现学习就是以培养探究性思维的方法为目标，以基本教材为内容，使学生通过再发现的步骤来进行的学习"。还有问题教学法、程序教学法、学导式教学法等，其过程都是让受教育者通过研究来学习、发现知识，都是为了调动大学生的主动性和创造性，培养其学习、研究能力。

随着市场竞争的加剧和人的主体性增强，随着开放的扩大和社会信息化的发展，推进学习不断突破时空界限，形成了终身学习、学习型社会、学习型组织格局，也催促人们不断通过学习获得资源与创造能力。大学生思想政治教育过程中的教育者、受教育者、教育环境之间的关系，再不是传统单向、单一的模式，而是呈现出多边互动、转化、交流的趋向，形成会谈式、合作式、研究式学习。

（三）理论培训法

理论培训法是通过办培训班、讲习班来学习理论的一种方法。这种方法适应了高校学科建设和实际工作科学化的需要，受到广泛重视和应用。理论培训法具有集中、深入和高效的特点。所谓集中，是指人员的集中、时间上的集中和学习内容及学习资料的集中，使研究力量集中到问题的一个点上，从而获得突破；所谓深入，是指人员有限，而占用资源量大，从而可以在讨论的过程中更深入问题的核心；所谓高效，是指在限定时间内集中全部精力进行讨论和研究，比其他形式更能够在短时间内达到教育目的。

1．理论培训法的要求

理论培训方法，具有学习内容、学习人员、讨论问题集中的特点，有利于相互启发，加深对政治理论的理解；有利于相互交流，探索解决实际问题的办法。在运用理论培训时，首先，要根据大学生的实际需要确定专题，明确专题培训的目的。专题既不要太宽泛而不着边际，又不要太具体而陷于就事论事，专题应当是某一方面理论与主要实际问题的结合点。其次，要围绕专题，根据大学生的理论水平和文化水平选好学习书目和学习资料，既不能要求过高而难以掌握，又不能要求太低而学无所获。再次，要进行必要的辅导和组织适当的讨论。辅导和讨论是引导、启发、深化的一种方式。辅导和讨论要抓住重点、难点和理论与实际的结合点进行。最后，要进行培训检查。培训检查是了解大学生学习、掌握理论的广度和深度，以及分析解决实际问题能力的必要方式。

2．理论培训法的步骤

第一，必须明确培训的目的、方向和方式，也就是培训需要解决的问题以及解决问题的方式，使参与培训的大学生具有强烈的目的性。

第二，要有相当质量的参考学习资料和细致的学习过程。学习资料可以是理论原著，也可以是论文资料、数据库等等。

第三，学习过程要有良好的组织，通常是自主学习和辅导学习相结合。

第四，培训要有考核。考核就是要制定一个衡量标准，以促使培训优质高效地实现目的。

（四）宣传教育法

宣传教育法是思想政治教育者运用舆论工具向大学生灌输思想政治知识的方法，主要是通过系统的理论讲座、开办专题节目，来宣传报道某一方面的思想热点问题以及国家的路线、方针、政策，引导大学生全面深刻地领会并贯彻执行。组织宣传法系统性强，覆盖面大，影响范围广泛，可以直接影响受教育者，而且能营造良好的思想舆论环境，促进大学生自觉地进行思想政治学习。组织宣传法必须围绕思想政治教育的中心工作，针对大学生带倾向性的思想认识问题进行，紧密结合大学生思想政治教育的实际情况，有理有据，有计划有步骤地进行思想政治宣传教育。

1．专题讲座法

专题讲座法是思想政治教育者就某个专门的思想政治问题作系统的讲述，使大学生对这一问题产生系统的思想认识的方法。专题讲座法可以系统地阐述某个政治、道德问题，例如党的十九大专题报告、社会主义核心价值观专题报告、抗震救灾英模报告、大学生文化素质专题讲座等。专题讲座的专题，大多是选择大学生关心的思想政治热点问题，通过听专题报告或讲座，使大学生获得对这一问题的系统正确的认识。专题讲座法是大学生思想政治教育中经常运用的一种形式，一般分两个阶段进行，先是由讲座人就专题作系统讲授，然后留适当的时间与大学生作双向的思想交流，当场回答大学生提出的问题。

2. 网络宣传法

在电子媒介中，网络是最具现代特色的传播方式，它信息量大、传播速度快、信息更新及时，视野最为开阔，并且能够做到声、光、图、文并行，既能对人进行外部引导，又能促发人的内部引导，因此，网络对人们的吸引力和影响力已经超越电影电视。从某种程度上来说，网络已成为一种社会舆论环境，一种强有力的社会力量，其传播内容具有公开性、显著性、报道快捷和时间上的持续性，知识信息积累多。因此，网络所提示和强调的意见很容易被认为是主流意见而被大学生所接受。因此当代大学生思想政治教育要利用好网络这个新传播媒介，开展宣传教育。

四、大学生思想政治教育与启发的注意事项

（一）正确把握教育与启发的辩证关系

在具体的思想政治教育实践活动过程中，要将教育与启发作为思想政治教育的基本路径，形成两者齐头并进的格局。一方面必须坚持教育不动摇，主动占领主渠道、建设主阵地，坚持不断地对大学生进行科学理论和先进思想的教育，以保障中国特色社会主义理论和社会主义核心价值观在社会思想意识中的主导地位和高影响力；另一方面坚持对大学生的思想问题进行耐心细致的启发和说服教育，在和风细雨般的双向沟通中对大学生中的不同认识和看法进行引导和修正，寻求大学生的理解和支持，增强思想政治教育的感召力和亲和力。

（二）推进教育和启发方式改进和创新

在当今市场化和全球化发展形成的新的境遇中与时俱进，积极探索思想政治

教育灌输和启发途径、载体和手段的创新，从贴近社会、贴近实际的角度充分提高教育内容的科学性、创造教育的新载体，丰富教育的手段。同时，积极探索启发的新方式，加强对大学生不良情绪和心理的疏导，切实提高理论教育和启发教育运用的效果。

（三）发挥教育和启发相互促进的作用

在实际工作中，要力求做到用"教育"来引导"启发"，以"启发"来促进"教育"。二者相互配合、相互渗透、相互补充。忽视"教育"，党的路线、方针、政策就讲不清；而忽略了"启发"，则难以调解教育对象中存在的各种矛盾。因此，要因地制宜地将"教育"与"启发"紧密地结合起来，做到说理透彻、启发得当、入理入情，发挥好主要教育方式相互配合形成合力的作用。

第二节　大学生思想政治教育的入耳与入心

入耳与入心是对大学生进行思想政治教育的第二层面，它要求大学生对思想政治教育理论有一个更深入的理解和掌握，对思想政治理论有一个内化的过程。

一、新时期大学生思想政治教育入耳与入心的意义

（一）是大学生思想政治教育目标、教育内容发展变化的必然要求

教育方法是实现教育目标、完成教育任务的手段。有什么样的教育目标和教育任务，就要求有什么样的教育方法为之服务。在新形势下，大学生思想政治教育与大学生的学习、生活与就业问题结合得更加紧密，其内容、目标与以往相比发生了重大变化。大学生思想政治教育的内容在不断地充实，教育内容注入了鲜活的思想、知识和事实材料。教育目标也不再仅仅注重社会价值的实现（即主要从党、国家和社会的角度来谈思想政治教育），而是从人的全面发展的视角来重新审视思想政治教育目标，注重开发大学生的潜能，进行素质教育，促进大学生思想道德素质、科学文化素质和健康素质协调发展，引导大学生勤于学习、善于创造、甘于奉献。在大学生思想政治教育目标、内容发展变化的情况下，如果方法仍然固守传统的灌输

教育形式，那么其实效性将大打折扣。因此，大学生思想政治教育的入耳与入心势在必行，这样才能适应当前思想政治教育目标、内容变化发展的要求。

（二）是大学生思想形成和发展规律的要求

大学生思想政治教育是做大学生思想工作的，而大学生的思想作为一种社会意识现象，是随着社会存在、社会条件的变化而变化的。因此，要做好大学生的思想政治教育就必须掌握大学生思想形成和发展的规律。大学生的思想是在客观外界条件和主观内部因素相互作用中形成的，同时又是随着社会实践的发展而不断丰富的。作为一种社会意识，其产生、变化和发展对社会存在具有依赖性。大学生的思想是一切社会生活的过程和条件在他们观念上的反映，是社会物质生活过程及其条件在他们头脑中的观念形态的反映。有什么样的社会存在，就有什么样的思想，也就是说，社会存在决定了大学生的思想。现代社会科学技术飞速发展、日新月异，社会存在已发生了重大变化，大学生的思想观念、价值判断和道德标准发生了深刻的变化，因此对他们进行思想政治教育的方法也要跟着改变，大学生思想政治教育要入耳入心，要根据大学生变化了的思想实际采取有效的方法，才能切实有效地做好对他们的思想政治教育工作。

（三）有利于丰富大学生思想政治教育方法的科学体系

大学生思想政治教育是一门实践性很强的科学，大学生思想政治教育的入耳与入心，能促进思想政治教育的科学化。在大学生思想政治教育中，或许很多方法一开始是不自觉地运用的，尽管这种运用取得了不错的效果，但不利于方法本身的推广和提高。随着时代的飞速变化和发展，大学生的思想观念和价值取向日益复杂，大学思想政治教育要想跟上时代的步伐，必须将科学思想、科学知识和科学精神融会贯通，推动方法的创新，这样才能提高大学生思想政治教育方法的系统性和可操作性，增强大学生思想政治教育的吸引力和感染力，从而提高大学生思想政治教育的实效性。

二、大学生思想政治教育入耳与入心的依据

方法的客观依据是方法合理性的根源，一种方法只有具备充足的合理性原因，

才会是合乎客观实际要求、体现特定客观规律的科学方法。方法的客观依据是由方法的客观性（客体性）所决定的，是方法合理性的深层原因，它告诉人们方法并不是人的主观臆想和心灵的自由创造物，方法的确立必须以客观现实条件以及客观对象的状况和活动规律为依据。

（一）哲学依据

哲学是对客观世界（自然、社会、思维）规律的理论概括，是人们认识与改造客观事物的世界观和方法论。任何方法的确立都要自觉不自觉地受到已有的世界观和方法论的指导。大学生思想政治教育的入耳与入心确立的哲学方法论依据是辩证唯物主义关于事物普遍联系的观点。普遍联系是指事物、现象、过程及其内部诸要素之间相互影响、相互作用和相互制约的关系。思想政治教育活动作为社会活动系统中的一个要素，必然要与其他社会要素，如社会政治、经济、文化活动等发生相互依存、相互渗透的作用关系。大学生思想政治教育的入耳与入心要求将教育的内容和要求主动渗透到社会活动中去，使其紧密结合、相互促进，完全符合辩证唯物主义联系规律对思想政治教育方法的客观要求。

（二）接受依据

大学生思想政治教育的入耳与入心是将思想政治教育意图隐含在人们的社会生活、职业生活、日常生活中，使人无意识地接触、了解、认同接受其中隐含的思想教育内容的方法，无意识地接受和内化是其最主要的确立依据。这里的无意识主要指心理学中"未被意识到的意识"这一意义，而不是指"没有意识"，它是不知不觉地对某种事物的认识和体验，包括无意感知、无意识记、无意再认、无意注意、无意思维（非口语思维），以及无意识体验和无意识动作。心理学的研究表明：人在无意识状态下更容易无抵抗地、自然而然地接受外界刺激和信息的影响，许多潜移默化的教育往往能起到很好的教育效果。从教育对象不设防的心理感受层面入手，让学生在日常的、自然放松的状态下不知不觉地接触、了解和认同思想政治教育信息的做法，符合人的无意识接受心理对思想政治教育方法的要求。因而能有效地化解思想教育过程中的逆反心理和对抗心理，提高教育的影响力和接受性。

（三）环境条件依据

方法是社会历史环境的产物，不同的时代和历史条件需要不同的方法，只有符合时代要求的方法，才具有广泛的应用前景。大学生思想政治教育的入耳和入心集中体现了新世纪社会环境对这类方法的需要。

随着社会的发展，大学生的思想观念发生巨大变化，出现了自我意识增强、组织观念减弱，独立意识增强、服从意识减弱，经济意识增强、政治意识减弱等多方面的变化趋势。他们不再习惯于被动接受教育，不满足于简单接受某种现成的观点和结论，要求主动探索人生和社会问题、独立做出判断和取舍的意识大大增强。大学生思想政治教育的入耳和入心的实现要求教学者要寓教育于丰富多样的实践活动、寓教育于文化学习和文化娱乐，这样相对更能适应教育对象接受心理变化的要求，对教育对象产生切实的教育作用。

三、大学生思想政治教育入耳与入心的具体方法

（一）典型教育法

所谓典型教育法，是指在思想政治教育中运用具有代表性的人物或事件对教育对象进行引导和教育的方法。从哲学的角度，典型是在一定的时期或一定范围内具有相当程度影响的人物和事件，它能代表一类或一般事物的典型特征和本质、发展趋势或发展规律的个人或个案；典型示范教育就是通过典型教育使其吸收先进典型的有益成分，并对照自己的不足，吸取经验和教训，消除自己的不良思想和行为，提高自己的思想政治素质。

1. 典型教育法的具体形式

典型是多种多样的，按典型的类型来划分，有单项典型、综合典型、全面典型；按照典型的性质来划分，有正面典型、反面典型；按典型的构成来划分，有集体典型、个人典型等。因此，典型教育的具体形式也很多。这里，主要讨论以下两种。

（1）正面典型教育法。正面典型又称先进典型、进步典型，是能体现或代表先进思想，在人民群众中起榜样示范作用的典型。正面典型的作用，就是榜样的

作用，而榜样的力量是无穷的。

运用正面典型教育法时应注意以下几点：

一是要善于发现和推广具有时代感和代表性的典型。先进典型常常产生于我们身边的日常工作、学习和生活之中，需要去发现和识别。典型的选择要具有广泛的群众基础：既要树立全国性的榜样，又要树立不同类型、不同层次、不同行业的榜样，更要善于发现和树立本地区、本行业、本单位的典型。

二是要注意对典型事迹宣传的实事求是以及典型的真实性和局限性，即对典型的宣传、推广要实事求是，注意分寸、留有余地，决不能言过其实、任意拔高。

三是要注意对典型的培养和教育，以关心爱护的态度对待典型。

四是要教育大学生尊重典型，正确对待典型。任何先进典型都来自群众，尽管他们有超出普通人的一面，但并非也不可能是"完人"。只有全社会都来扶持典型、学习典型，典型之花才能常开不败。

（2）反面典型教育法。反面典型就是落后的或反动的典型，利用反面典型开展思想政治教育，就是通过揭露或批评其错误或反动的观点，给人以教训，使人引以为戒，或使人认清其反动实质，与此同时，宣传正确和进步的观点。从我们党思想政治教育的历史来看，注意利用反面教材开展思想政治教育是我们党思想政治教育的一条基本经验。今天，用社会主义核心价值观引导社会思潮，是思想政治工作的重要任务，正确地运用这一方法也一定会发挥其应有的作用。总之，利用反面教材开展思想政治教育，目的是把非马克思主义和反马克思主义的东西摆在大家面前，让大家分清其本质，从而接受锻炼，增强辨别和选择的能力。

运用反面典型教育法时应注意以下几点：

一是要勇于面对反面教材，并加以正确的判断和识别。对客观存在的反面教材，不要避而不谈，有意回避，事实上也回避不了，反面的东西总是要寻找各种机会出现在人们面前，"不要封锁起来，封锁起来反而更危险"[①]。

二是要引导大学生分析反面典型产生的根源及其危害，从而帮助大学生自觉抵制反面典型的消极影响，增强接受正面教育的积极主动性。

[①] 毛泽东文集（第七卷）[M]．北京：人民出版社，1999：196.

三是要根据大学生不同思想水平，选取适当的内容，"种"上适当的"牛痘"。否则，不看对象，乱点"鸳鸯谱"，选取的"牛痘"不合适或种得过量，则会害多利少，甚至是有害无益的。

2. 典型教育法应用注意事项

（1）要选择具有广泛性、先进性和可及性的典型。广泛性是指典型要具有广泛的群众基础，不搞"高、大、全"式的典型，典型要受到群众的拥护；先进性是典型人物的思想需要体现时代精神，代表社会发展方向，体现出崇高的思想境界，为广大人民群众所景仰，具有很高的知名度，这样的典型对教育对象的影响具有持久性；可及性则指常人经过努力可以达到。当代的改革者、开拓者和先进标兵等与大学生所处同时代的先进分子，由于他们有着相似的社会环境和教育环境，有共同的语言，具有更强烈的可比性，也更容易为大学生所接受，所信服，从而收到更积极的教育效果。

（2）注意选择时间。在思想政治教育中，运用典型教育时机的选择，充分发挥典型的时效性，任何典型都是一定时间、一定范围、一定环境的产物，离开其时空范围就难以发挥或引起大学生的共鸣，就不能发挥典型的示范作用。所以，要注意其教育的时机的选择，充分发挥其时效性。

（3）宣传时要实事求是。宣传典型要注意真实性。先进典型是生活中的人，人无完人，在总结树立典型时必须实事求是，一分为二，不能弄虚作假，言过其实。实际上，典型的宣传越真实贴切、越接近原型，就越具有吸引力和感染力，才会使人感到亲切、可学、愿意学，而不是感觉"可敬不可亲、可敬不可学"，敬而远之。宣传典型不能任意拔高。有时为突出典型人物的社会主义和共产主义道德，常常对典型任意拔高，忽视了现实的客观存在和人民群众的接受程度，这就弱化了典型人物的示范作用。

（4）要注意引导。在思想政治教育中，运用典型教育法时，要对典型进行正确的引导，正面典型主要是要引导大学生要以典型人物或事例为榜样，引导大学生向先进学习；反面典型主要是引导大学生吸取其教训，预防和警示自己的言行，将一些不正确的思想和言行消灭在萌芽状态，减少错误的思想和言行的影响。

（5）树立典型也要更爱护典型。爱护典型有两个方面：一是要旗帜鲜明地支持和保护典型，坚决改变一些地方存在的典型难树、先进受压的不良倾向，改变"木秀于林，风必摧之；堆出于岸，流必揣之；行高于人，众必非之"的落后思维，如果典型被流言蜚语所中伤诋毁，不仅使典型难以起到教育的作用，而且会挫伤其他人积极进取的心理；二是要帮助典型克服某些缺点和不足。保护典型不等于对先进典型护短、偏袒，帮助典型克服可能滋长的骄傲情绪、名利思想，对典型不断地提出更高的要求，使其能够不断进步是对典型的终极爱护。

（二）自我教育法

自我教育法是受教育者自己教育自己的方法，它是我国传统思想文化教育的一种重要方法，也是当代大学生思想政治教育的重要方法之一。它是指受教育者按照思想政治教育的目标要求自己、教育自己，自己做自己的思想政治教育工作的方法。通过自我学习、自我反省、自我修养、自我批评、自我改造等方式，主动接受先进思想，主动提高自己思想政治素质，自觉纠正错误的思想和行为的方法。"教是为了不教"，自我教育法具有自主性的特点，有利于增强受教育者的自我教育的能力，也是尊重受教育者主人翁地位的体现。自我教育法是伴随着大学生自我意识的发展而发展的一种教育方法。

1. 自我教育法的特征和功能

（1）自我教育法的特征。大学生思想政治教育中的自我教育方法，主要具有以下几个方面的特点。

一是主动性与针对性的统一。在思想政治教育过程中，自己既是自我教育的主体，也是自我教育的客体。这种主客体合一的教育方式，既使教育者与受教育者能够有高度的主动性与自觉性，也使大学生从自身的特点出发，不断提升自己，以达到社会道德规范所要求的水准。

二是目的性与选择性的统一。从自我教育的内涵可以看出，在进行自我教育时，可以带着明确的目的去选择。在人生中，走什么样的路，树立什么样的世界观、人生观和道德观，每个人在解决这一问题的时候，虽然外部因素有一定影响，但内部因素是起决定作用的。自我教育客观地体现了这种要求，它把个人目的与选择有机统一了起来，使人的主观能动性得到正确而极大的发挥。

三是社会性与个体性的统一。个人是组成社会的细胞，社会是个人生存和成长的空间。自我教育是一种将个人的社会性与个体性相统一的教育。自我教育既使个体的社会化程度得到提高，也使个体的价值在相应的社会关系中表现出来。

四是体现了人的自我调节结构。从心理学的角度讲，人的个性心理结构中存在着调节结构——个体调节自己的个性，使之符合社会和环境的要求。这种调节结构包括自我观察与自我批评、自尊与自信、自我检查与自我监督三个方面。正是这种调节结构的存在，使每个人通过自我教育、自我修养而达到自我完善成为可能。

（2）自我教育法的功能。自我教育法的主要作用：一是有利于充分发挥大学生的主观能动作用，使大学生自觉主动地进行学习，自我修养、自我改造；二是有利于增强大学生的自我教育的能力。在自我教育过程中，大学生经常进行自省、自警、自励，养成自我监督、自我调节、自我约束的习惯，自觉抵制外界的不良影响，增强自身免疫力。

2. 自我教育法的主要形式

自我教育分为群体的自我教育和个人的自我教育。大学生思想政治教育中的自我教育法，主要是个人教育。下面着重介绍个人自我教育的几种方式。

（1）自我修养。自我修养主要是指在社会实践中的自觉学习与自我锻炼，是在改造客观世界的同时改造主观世界。自我修养的方法很多，这里列举几种主要方法。

一是反省。也就是自我省察，是个人对自己的思想和行为进行检查对照、寻找差距和不足的道德修养方法。反省也可以称为内省或自省，中国历史上儒家曾倡导这一方法。孔子在《论语·里仁》中写道："见贤思齐焉，见不贤而内自省也。"孔子的弟子曾参提出了"吾日三省吾身"的主张。

二是反思。它是指人们对以往的思想和行为进行系统的总结和深刻的理性思考。正确进行反思，反思主体首先要加强自我认识，使自己成为自我思想和行为的观察者，并能发现自己的思想和行为同正确的方向、原则之间的差距，开展内心对话，把自我认识转化为自我教育。只有不断提高政治理论和道德水平，摆正主观同客观的关系，依照正确的原则进行判断，才能够正确进行反思。

三是自我改造。虽然指的是主观世界的改造，但这种改造不是主体孤立的内心活动，是指在社会实践中，发挥主观能动性，自觉主动地进行自我剖析、自我批评，提高自己政治思想觉悟和道德水平的教育方法。社会实践是进行自我改造的基础，是推动自我改造的动力，也是检查自我改造成效的标准。

（2）自我管理。所谓自我管理，指的是自觉运用法纪、规章制度和道德规范约束自己，调控和控制自己的言行。

大学生在进行自我调控时，包含以下几方面的内容：

第一，认知调控。大学生要正确认识现实，悦纳自我，树立坚定的社会主义信念，合理定位自己的学习目标、工作目标，使思维与心理达到平衡。

第二，大学生思想政治教育工作者要积极引导大学新生对大学生活的适应，帮助部分大学生消除恐慌、焦虑等情绪反应，使大学新生适应大学生活，能够合理安排自己的生活。

第三，情绪调控。当今社会是一个开放性、多样化、快变化、高压力的社会，随着物质生活、社会生活、文化生活的提高与丰富，大学生的精神世界也在不断丰富与变化着。就业、恋爱等问题，对大学生造成了不小的压力。大学生要学会调控自己的情绪，以增强竞争能力与心理承受能力，让自己的大学生活过得充实、愉快。

3. 自我教育法实现的保障途径

在思想政治教育过程中，采取自我教育，并非教育者就此可以撒手不管、不闻不问，而恰恰相反，教育者必须给受教育者以适时必要的引导，只有这样，才能使自我教育行之有效。具体来说，在受教育者自我教育的过程中，教育者要注重以下几个方面的引导。

（1）确立正确的目标。引导受教育者树立正确的目标，对受教育者的自我教育来说，是非常重要的环节。人们常说：目标是一种希望，也是一种强大的动力。从心理学的角度讲，无论是个人还是群体，只有确立起远大的奋斗目标，才能有较强的自觉奋斗精神。因此，我们在现实思想政治教育过程中，要引导和帮助受教育者确立切实可行的目标，然后通过受教育者在实现自己目标的过程中进行自我教育，增强自己的主体意识，提高自己的进取热情，使自己得到锻炼和提高。

（2）要以教育对象自我意识的发展水平为条件。这里的自我意识主要是指主体自己对自己进行自我认识、自我评价、自我监督、自我调适等意识活动。自我意识随着年龄的增长和学习工作经历的发展而发展，一般到青年期趋于成熟；自我教育也是伴随着自我意识的发展而发展的。因此，在大学生思想政治教育中，需要根据教育对象自我意识的发展水平为条件，对不同年龄段的教育对象应采取不同的要求，合理地加以引导。

（3）提高自控能力。引导受教育者加强自我修养，提高自我监督和自控能力，是受教育者自我教育的另一个重要环节。提高自我教育效果的前提和基础，在于受教育者的自我监督和自我控制能力，所以思想政治教育者要随时引导受教育者加强自我修养，使其不断提高自我监督和自我控制能力。

（4）注意加强自我教育和教育之间的相互联系。人们自我教育的能力不是天生的，它是通过外部环境的影响，包括家庭、学校、社会的教育综合影响而形成。只有接受教育，接受外界的思想和信息，然后经过自我加工，才能形成自我教育的能力；而自我教育能力的提高，反过来促使人们更好地接受教育，增强和巩固教育效果。所以，教育和自我教育的关系，是内因和外因的关系，外因只有通过内因起作用，这就需要加强教育的同时，积极引导教育对象进行自我教育。

（5）创建协调教育机制。事实上，思想政治教育中的自我教育，是受教育者在外在教育，即家庭教育、学校教育与社会教育的基础上建立起来的一种自觉的内在教育活动，同时也是外在教育最终的归属与期望，因为外在教育最终要通过内省来实现。而受教育者能否进行有效的自我教育，一个非常重要的方面，就是要协调外在教育，确立一致的教育目标，构建科学的价值观，从而自觉地进行自我教育。

（三）心理咨询法

在思想政治教育过程中，心理咨询方法是指运用心理学的专门知识和技术，通过语言、文字等媒体，对受教育者的心理、行为施加影响，使其认知、情感、态度发生变化，解决其心理问题，以维护其心理健康的方法。

1. 心理咨询法的功能

（1）调适功能。心理咨询可以通过平等、真诚的相互沟通，帮助教育对象调控情绪、调适心理和调整人际关系，从而达到提高心理承受能力，保持良好心理状态的目的。人的思想和心理是随着客观世界的变化而变化的，这种变化有两种可能：一是朝着正确的、积极的、进步的方向变化，二是朝着错误的、消极的、落后的方向变化。心理咨询的作用就是要使前一种变化合理地进行，而对后一种变化进行有效的抑制。

（2）激励功能。心理咨询的激励作用集中体现在对人的精神鼓励上，就是运用多种手段，充分调动人的积极性和主动性，恢复或增强自信心。心理学研究表明，每个人都喜欢被关注、被欣赏。心理咨询过程以积极关注作为必要因素，通过不断发掘和肯定咨询者自身所具有的优势和积极方面，调动他们的内在的、能动的积极性，鼓励他们在活动过程中显示自己的主动自觉的进取精神，鼓励他们学会欣赏自己、树立自信，从而使心理咨询发挥思想政治教育的作用。

（3）预防功能。心理咨询的预防是指教育者在了解教育对象心理问题的同时，帮助教育对象准确地了解自身的心理素质和心理健康状况，及时提醒教育对象预防心理问题的加重和可能出现的其他心理困扰或心理障碍，并为教育对象提供相应的心理健康知识和预防方法，使其掌握心理调控的主动权。心理咨询的这种预防功能是建立在预测心理发展走向、把握思想发展趋势的基础之上的，通过这种预防，能够防患于未然，将人们产生心理障碍和发生心理疾病的可能性减少到最低程度。

总的来说，心理咨询由于调适、激励、预防等作用和"助人自助"的原则，使心理咨询方法在大学生思想政治教育中发挥了巨大的教育功能，帮助大学生在面临坎坷环境或挫折中重新找回力量，使大学生通过心理咨询不仅清除了心理障碍，重新审视自我，恢复了自信心，同时也提高了分析问题、解决问题的能力。

实际上，通过心理咨询方法进一步提高了大学生思想政治教育的效能。

2．心理咨询法的具体形式

心理咨询法作为一种专业性极强的方法在思想政治教育中的运用，其形式也是多样的。常见的形式有以下几个：

第一，现场咨询。现场咨询就是教育者或邀请咨询机构的专业人员深入到广大学生当中，为更多的受教育者提供多方面服务的一种咨询形式。

第二，电话咨询。电话咨询是通过打电话或发短信进行交流和咨询。这是一种较为方便而又迅速及时的心理咨询方式，可以及时帮助思想或心理有问题的人排忧解烦，有效预防因心理危机而酝酿的自杀与犯罪等行为的发生。

第三，专栏咨询。专栏咨询主要是通过报刊、广播、电视等大众传媒形式对群体的典型心理问题进行解答。这种咨询形式通过专家对一些典型心理问题的答复，可以使很多学生受益。

第四，网上咨询。网上咨询是随着互联网技术的发展和普及，各学校或大型单位建成的校园网或局域网设立心理谈心室或心理咨询坊，由专业的教育者或咨询者主持，广大受教育者随时可以通过网上咨询，宣泄思想情绪或困惑，克服心理障碍，促进良好心理素质的培养。网上咨询由于快捷、虚拟，可以使双方更加畅所欲言，达到充分的交流和心理的抚慰，其应用性越来越广。

3．应用心理咨询法需要注意事项

尽管从理论上并不存在思想政治教育者不能从事心理咨询的理由，但在具体的心理咨询过程中，有些问题处理不当，也会影响心理咨询的过程和效果。因此，思想政治教育者从事心理咨询时应特别注意一些问题。

（1）对咨询对象要准确了解。了解咨询对象的基本情况，是有效进行心理咨询的前提。具体来说，一是要客观地了解咨询对象的年龄、学历、政治面貌、家庭情况等有关背景；二是要弄清楚咨询对象心理问题的症结所在，以便有的放矢，切实进行引导帮助。

（2）科学把握咨询的对象。生活在现实社会中的人，都不同程度地存在着心理问题，有的人能够自我调节，有的则要通过外部的心理咨询进行调节，也就是说，现实社会中的不少人都是需要心理咨询的对象。从思想政治教育的角度来看，青年大学生则是主要对象。因为，当代社会的转型和它的复杂性，对大学生影响很大，使得他们既有适应的一面，也有不适应的一面。一方面他们思想活跃，情感丰富，敢想敢为；另一方面，他们中的不少人由于缺乏社会生活经验，容易被纷繁复杂的社会现象所迷惑，导致不同程度心理问题的产生。只有在提高他们思想政治素质的同时，增强其心理承受能力，才能适应社会的变化。另外，从人的生理发展来看，青年时期是人生转折的重要阶段。由于改革的深入，许多大学生面临着学习、就业、工作等多重压力，不少人陷入了烦恼、苦闷之中。对这部分大学生如果不进行适当的心理引导，有的可能产生偏激行为，有的可能导致心理问题，甚至走向违法犯罪道路。所以，青年大学生是现实思想政治教育中心理咨询的重点对象。

具体来说，我们在思想政治教育中对大学生的心理咨询，包括心理障碍咨询、心理适应咨询和心理发展咨询等三个方面的内容。

（3）进行咨询时要运用科学的方法。从国外来看，不同的国家有不同的心理咨询理论和方法。在发达国家，心理咨询的方法由传统发展到了现代。它们的心理咨询方法我们可以借鉴，但其方法是以西方心理学理论为基础的，而且其运用也受到范围和条件的制约，所以，我们不能生搬硬套它们的方法。我们在思想政治教育心理咨询过程中，要运用已经在实践中形成的"引导咨询法""交友谈心法""自我调控法"等咨询方法，也要根据我国社会和人的发展趋势，探索新的心理咨询方法。因此，应把借鉴、继承和创新有机结合起来，形成系统的心理咨询方法，确保大学生思想政治教育心理咨询法的有效性。

第三节　大学生思想政治教育的明理与践行

明理与践行是对大学生进行思想政治教育的第三层面，是对大学生进行思想政治教育的最终目的，在提高大学生的思想政治品德素质以外，最重要的是大学生能够将理论知识付诸实践。在这个层面的教育方法主要是社会实践教育法。

一、新时期大学生思想政治教育明理与践行的必要性和重要性

（一）是实现大学生思想政治教育目标的需要

高校是培养有理想、有道德、有文化、有纪律的社会主义建设新人的基地。无论是为祖国发展、为人民幸福而奋斗的理想信念，还是科学知识理论与工作技能，都只有通过实践的感悟与运用，才能够被人们吸收内化。脱离实践参与的单纯的理论灌输，难以让大学生接受，更不可能得到巩固，是不利于大学生思想政治教育培养目标的实现的。社会实践使大学生接近社会和自然，获得大量直观的感性认识和许多书本上没有的知识，并且可以提高他们将抽象的理论知识在实际运用中转化为认识和解决实际问题的能力。

（二）是促进大学生全面健康成长的需要

大学生求知欲旺盛、好奇心强烈、接受新事物快，但辨别和选择能力较弱。面对各种纷繁复杂的间接认识，大学生难以识别真伪、判断是非，这必然会对他们的健康成长造成妨碍。而通过大学生思想政治教育明理与践行，使大学生们投身于社会主义现代化建设事业之中，让他们直接感受社会各部门、各领域建设者们的工作热情和忘我精神，让他们亲眼看见社会主义现代化建设的成就。这样不但可以促使他们在深层次上、从思想上坚定社会主义的理想信念，而且还会激发他们的历史使命感、社会责任感，促使他们自觉提高学习的积极性，更严格地要求自己，从而促进自身的全面健康发展。

（三）可以提高大学生的思想认识

通过大学生思想政治教育的明理与践行，大学生可以亲身体验获得直接感受，从直接经验中上升为理性认识，得以自觉树立正确的世界观、人生观、价值观。事实上，改革开放与社会主义现代化的成果，大学生是直接受益者，但在和平环境中成长起来的一代大学生对此体会不深。通过参加实践补上这一课，不仅能够提高大学生对党的方针政策的认识，而且有助于加深对中国特色社会主义的理解，提高思想认识，坚定理想信念，树立科学的学习态度、工作态度、生活态度。

二、新时期大学生思想政治教育明理与践行的依据

(一) 世界观和认识论基础

马克思认为："全部社会生活在本质上是实践的。"[①]在马克思看来，实践是指人能动地改造客观世界的对象性活动，实践是人类生存的前提，实践活动不断创造着人类生存、发展的根本条件，它是人的生命之根、立命之本。人只有通过实践才成为人，只有通过实践才能生存和发展。没有实践就没有人和人类社会的存在。

实践的认识论基础，是从认识论的角度阐明实践对于人类的重要意义。马克思主义对实践的基本作用的揭示主要是从两个角度进行的：一是作为客观标准的实践，二是作为社会活动的实践。从实践的特点上看，实践是主观见之于客观的一种感性现实的物质活动，在人的现实活动中只有实践才有把主观和客观联系起来的功能。因此，实践具有检验认识是否具有真理性的功能，而且唯有实践才是检验认识是否具有真理性的标准。实践作为一种社会活动，对于人的认识具有十分重要的意义。人类的认识能力总是随着实践的发展而不断得到锻炼和提高的。实践是认识的最终目的是指：在实践基础上产生发展起来的认识，还必须回到实践中去才能够为满足人的现实需要服务。认识本身不是目的，只有通过指导实践为实践服务才能发挥出认识的功能和作用。如果有了正确的认识而弃之不用，再好的理论也是没有价值的。

(二) 教育与生产实践相结合的理论

人的一切活动都离不开社会，人类的活动形成了社会实践活动。实践是一个广泛的概念，它涵括了人类的一切实践活动。除了人们熟知的生产实践、处理社会关系的实践和科学实验这三项基本的实践活动以外，还有教育活动、作家的创作活动、艺术活动、管理活动以及各种服务行业的活动等等，总之，一切与客观世界相接触的人的有目的的感性活动，都是实践活动。

马克思主义哲学的认识论告诉我们，人的一般认识过程大体由实践到认识与认识到实践两个阶段组成。一个正确的认识，往往需要经过由实践到认识、再由

[①] 马克思恩格斯选集（第一卷）[M]. 北京：人民出版社，1995：54.

认识到实践这样多次的反复才能完成。教育过程也是一个认识过程，受教育者的认识过程也应遵循一般认识过程的规律，即也要以一定的实践得到感性的认识为基础，才能获得新的理性认识。而且，受教育者所学到的理论知识最终还是要付诸实施，到实践中去接受检验。

生产实践是人类最基本的实践活动，它是人产生、存在和发展的前提和基础。教育与生产实践的关系是紧密不可分的，两者相辅相成，相互促进。两者的关系为：一方面生产实践是教育的基础，是教育的源泉、出发点和归宿；另一方面教育又推动和促进生产实践的不断发展和提高。两者必须结合起来，才能更好地推动科学知识的进步，增长青少年的聪明才干。

（三）青年在实践中成长的理论

青年人要得到健康的成长必须注重参加社会实践。从实践中获得感性认识，把感性认识上升到理性认识，又把理性认识付诸实践，从而促进自己的认识提高和发展。只有参加实践，才能出真知长才干。

马克思、恩格斯指出："生产劳动和教育的早期结合是改造现代化社会的最强有力的手段之一。"[①]"未来的教育对所有已满一定年龄的儿童来说，就是生产劳动同智育和体育相结合，它不仅是提高社会生产的一种方法，而且是造就全面发展的人的唯一方法。"[②]只有勇于参加社会实践，参加生产劳动，青年才能得到健康的成长和发展。列宁也曾指出，没有年轻一代的教育和生产劳动的结合，未来社会的理想是不能想象的，无论是脱离生产劳动的教学和教育，或是没有同时进行教学和教育的生产劳动，都不能达到现代技术水平和教学知识现状所要求的高度。以上论述都强调了实践是青年人成长的重要途径。

三、大学生思想政治教育明理与践行的具体方式

（一）劳动教育法

劳动教育法，就是让受教育者从事一定量和一定程度的生产劳动，使之在劳

---

① 马克思恩格斯全集（第三卷）[M]．北京：人民出版社，1960：24.
② 马克思恩格斯全集（第二十三卷）[M]．北京：人民出版社，1972：530.

动过程中树立正确的劳动观念，培养热爱劳动、亲近劳动人民的感情，养成劳动习惯的一种教育方法。

目前，大学生中有一些人存在劳动观念淡薄，劳动习惯很差，"骄、娇"二气严重，生活上害怕艰苦，花钱大手大脚，轻视平凡的劳动，自视高人一等，自理能力差等问题。为加强劳动教育，深圳大学将学生宿舍打扫、教学楼的鲜花摆放、校园环境打扫、山路整理、食堂的服务、管理工作等，全部通过有偿劳动由学生自己去做。这种劳动参与不仅让学生感受到自己可以不完全依赖父母，通过劳动自己挣钱完成学业，使学生感到光荣；更主要的是通过劳动实践，改变了大学生轻视普通劳动的思想观念，树立了珍惜劳动、参加劳动的社会氛围。在劳动教育中，学校应该注意把与教学相关的劳动教育与助学活动、义务劳动、日常生活劳动等统筹安排，经常地、切实地使学生在参加劳动中培养劳动习惯、卫生习惯，增强生活自理能力，树立劳动光荣的观点。

（二）社会考察法

社会考察法是通过引导受教育者按照一定的计划、程序和方式去认识和研究社会现象，分析社会问题，从而提高受教育者思想认识的方法。在大学生思想政治教育工作中实施社会考察法有以下几个步骤：

（1）深入社会观察。要了解实际情况，就应当首先了解某一社会现象或问题的存在方式和状况，这要求受教育者一定要自己动手、动脑去接触社会，认识社会，虚心请教，以获得客观而丰富的第一手资料。这类考察方式一般适用于对国内国际的重大事件或社会重大问题的分析研究。

（2）参与社会体察。如果说社会观察是受教育者作为客观第三方，那么参与社会体察也就是受教育者完全参与到所考察的对象的活动之中去，作为考察对象中的一部分去亲身体验。亲身体验得来的经验材料较之观察得来的经验材料更深刻，当然也更富有感情色彩，这类考察方式一般适用于对某阶层的工作、生活状况的考察。

（3）联系社会调查。通过设计调查问卷、调查问题，确定调查对象，安排专门的时间进行问卷填写或采访的方式，获得第一手资料，这是目前最常采用的调查方式，适用于考察某一社会群体对某类问题的看法或观点，社会热点问题的考察等。

（三）社会服务法

社会服务法是指通过让受教育者运用自身具备的知识、技能、体力等素质，为社会提供力所能及的服务，帮助人们解决学习、生活和工作中的实际问题，在奉献自身力量给社会的同时，获得对责任关系、道德关系的体验和教育，从而实现思想政治教育工作目的的方法。社会服务法的具体方式是多种多样的。按服务的内容划分有生活服务、生产服务、科技服务、信息服务等；按服务的方式划分有着眼于讲文明树新风开展的志愿服务活动，有着眼于扶危济困开展的志愿服务活动，有着眼于大型社会活动顺利进行开展的志愿服务等；按服务的主体划分有青年志愿者、大学生志愿者、社区志愿者、党员志愿者、红十字志愿者等。如青年志愿者进社区，开展环境整治、家电维修、交通疏导、医疗保健、法制宣传等公益服务活动。近几年来大学生的素质拓展活动已成为社会服务的一个亮点，将社会实践岗位化，开展科技文化卫生"三下乡"活动等。

四、新时期大学生思想政治教育的明理与践行——虚拟社会实践教育

自 20 世纪 90 年代以来，在互联网普及全球的浪潮中，国内外许多大学纷纷投入巨资建立联通互联网的校园网，并在此基础上架设网络辅助教学平台，造就一种崭新的数字化虚拟环境，并逐渐应用到大学生课程教学和社会实践教育中，虚拟实践成为信息时代大学生社会实践教育的重要方式。大学生虚拟社会实践教育，是指高校运用计算机网络技术、虚拟现实技术等手段在计算机网络空间中有目的地创建仿真或虚拟的社会实践情景和条件，并引导大学生进行自主探索、自主体验、相互交流、自我教育，从而健全大学生成长机制的过程。

（一）虚拟社会实践教育的作用

虚拟实践使人类实践形式发生了重要变革和跃进，大学生虚拟实践教育探索对促进大学生社会实践教育发展和大学生自身成长都有着深远的意义。

新媒体视野下大学生思政教育创新探索

1. 虚拟社会实践教育可以促进大学生社会实践教育在当代社会中的发展

计算机网络和虚拟实践的发展，正在深刻地改变着社会对教育的要求和当代的教育方式，由此推动的教育信息化建设成为实现教育跨越式发展的重要手段。许多国家对教育网络化、信息化建设给予了极大的重视，如美国的教育技术规划、欧盟的尤利卡计划、法国的实践计划行动纲领等。自第九个"五年计划"以来，我国的教育信息化步入了快速发展期，在基础设施建设方面，国家公共网络快速发展，中国教育科研网已经成为我国第二大互联网络，中国教育电视台卫星多媒体传输平台已经建成，初步形成了一个具有交互功能的现代远程教育和教育信息化的网络平台。基础教育校校通工程已经启动，大学校园网工程建设成效显著，大学数字图书馆建设、数字博物馆建设、校园网络课程建设和国家远程教育资源库建设等项目都取得了很大的进展。网络化虚拟实践促进了虚拟教育、信息教育的发展，而虚拟教育、信息教育培养出的大量人才，也必然会转而促进当代技术革命和虚拟实践的发展。虚拟实践是大学生社会实践教育在教育信息化大背景下的重要方式和必然发展。

2. 虚拟社会实践教育可以解决大学生社会实践教育的一些现实困境

目前，大学生社会实践活动受各种主客观因素的影响，在内容、形式、组织等方面存在着这样或那样的问题，比较突出的有经费投入存在不足、学生参与面不够广泛、形式内容缺乏针对性等等，通过虚拟实践可以在一定程度上解决这些问题。比如，在教学实践中，高校普遍存在着学生规模迅速膨胀与实验基础设施发展滞后、实验经费短缺的比例失调问题，引入虚拟实践可有效改善高校的实践教学环境，扩大高校的承载能力。

3. 增强大学生社会实践教育有效性的必要途径

虚拟实践使人类的实践活动从过去以物质和能量为基础的活动平台，转移到以数字化符号、信息为基础的新平台，大学生社会实践教育无论是在内容、方式还是工具系统方面，都体现了人机共存的整合性特点。利用虚拟现实技术，大学生社会实践教育可以不受时间和空间的限制，一些需要几十年甚至上百年才能观察到的变化过程，可以在很短的时间内呈现给学生。例如，生物学中的孟德尔遗传定律，用果蝇做实验往往要几个月的时间，而利用虚拟技术在一堂课内就可以实现。

（二）虚拟社会实践教育的主要方式

在虚拟社会实践教育活动中，采用的教育方式、手段多种多样，其中常见的有以下几种。

1．网站建设

加强大学生思想政治网站和社会实践网站的建设，构建社会实践网上工作平台，可以大力推进大学生社会实践教育。例如，从 2004 年开始，中国大学生在线联合新浪网和《大众摄影》杂志社等单位连续举办了三届"中国大学生在线暑期影像大赛"，反映出大学生健康向上的暑期生活。

2．虚拟课堂

虚拟课堂又称为"虚拟教室"，它是指运用虚拟现实技术生成的进行教育实践的具有逼真感的虚拟环境，学习者可借助于有关设备进入虚拟课堂，接受教育和进行学习。虚拟课堂提供各种学习资源，学习者可选择相应的资料进行学习，既可以自主学习，也能进行集体学习、协同学习。

3．虚拟实验室

虚拟实验室是由虚拟现实技术创造的一种可进行实验的虚拟环境。在这个环境中，实验者有逼真的感觉，似乎是在真正的实验室里近距离进行现场操作。利用虚拟实验室，实验者可进行仿真实验，如化学实验中有些药品具有剧毒、刺激性气味的特性，而且有些化学反应比较剧烈或时间较长，把这些实验放在虚拟实验室里做，就可既对实验现象或过程很好地仿真而又不必担心会对实验者造成伤害。

4．网络游戏

网络游戏对青年来说，是融入成人社会的缓冲地带，是青年同辈群体互动的特殊渠道。以游戏的方式对大学生进行社会实践教育遵循了大学生成长和发展的规律，可以受到广大大学生的欢迎，特别是国外游戏大量充斥国内市场的时候，国产游戏在欧美日等国外游戏的夹击中，通过对深厚的中国文化正确理解、阐释以及优良制作逐步寻找出发展之路。如 2000 年开始推出的"傲世三国"游戏系列产品，真实地演绎出三国风云，使大学生在游戏中接受了中国历史教育。

（三）虚拟社会实践教育的基本内容

根据大学生社会实践的总体要求，要使大学生在虚拟社会实践教育中真正实现受教育、长才干、做贡献的根本目标，就需要加强现实实践和虚拟实践的结合，形成一个完整、系统、科学、规范的虚拟实践教育体系。根据主要内容的不同，大学生虚拟社会实践教育可以整合为三个模块，形成一个有层次、多功能的系统体系。

1．专业实践模块

实践教学是大学生社会实践教育的重要环节。2005 年，《关于边一步加强和改进大学生社会实践的意见》强调要"进一步加强以教学实践、专业实习为主要内容的实践教学"。虚拟社会实践教育要遵循同专业学习相结合的这一基本原则，而且通过网络化虚拟社会实践教育能够有效解决实践教学经费投入、实验教学资源、实习教学质量、毕业设计质量、实践教学管理等方面存在的问题和不足。

专业实践模块设计的主要任务是使学生在虚拟社会实践教育活动中，借助于各种虚拟情境和条件，通过学习、讨论、交流、观察、操作、体验等一系列实际动作获得专业知识，掌握操作技能和技术方法，培养支撑专业技术能力的相关技能和基本素养，并通过对知识、技能的实际运用把知识转化为实践能力。根据学科门类、专业领域不同，专业实践内容的侧重点不同，文科学生偏重于知识学习和运用，理工类学生则偏重于实验探索。因此，在专业实践模块中可以根据侧重点不同分为知识学习、技能训练、科学实验三个板块。

2．国情教育模块

大学生是民族的希望、祖国的未来。只有在了解国情、立足现实的基础上大力加强社会实践教育，才能使大学生增强社会责任感，当好中国特色社会主义事业的建设者和接班人。国情教育模块以认清历史，了解现实、服务社会为主要内容，可分为历史和现实两大部分。

第一，历史篇。在历史篇中，可以通过历史场景的真实再现，让学生自己选择作为其中的角色，亲历历史，思考历史人物的思维过程，对历史有更加真切的了解。

第二，现实篇。让大学生接触现实，了解国情，从而树立为社会主义祖国献身的信念，这是大学生社会实践教育的基本要求。虚拟社会实践紧密结合现实国情进行教育，要注意：一是结合社会热点事件，二是结合地方特色进行。大学生社会实践教育有一个"就近就便"的原则，支持大学生在学校周边地区或者回到家乡开展社会实践，除了有节约经费、交通便利等因素外，还在于地方建设的成就本身就是中国特色社会主义建设和改革成就的缩影，结合大学生所熟悉的环境进行教育更能激发爱国主义情感，虚拟社会实践教育也应注意这一点。

3. 素质拓展模块

虚拟社会实践在大学生素质拓展上能够充分发挥作用，特别是在心理咨询、就业指导、社团活动等方面运用较广。

第一，网上心理咨询。心理咨询可以利用网上聊天、电子邮件、BBS 等多种形式进行，相当方便快捷，使网上心理咨询得到了更为广泛的运用。与日常心理咨询相比，网上心理咨询具有的优势有：一是实现远距离咨询；二是具有保密性，以虚拟身份咨询更能消除顾虑、敞开心扉、畅所欲言；三是提高咨询质量，借助网上丰富的心理学、心理咨询方面的信息、资料，更有利于解决心理问题，帮助大学生心理健康成长。

第二，网上就业指导。随着高校校园信息网的建设与发展，网上求职、网上获取就业信息日益为大学生和高校就业部门所重视。我国第一家全国高校统一的网络电视，中青互动校园网络电视设置的八个频道中就有就业频道，这个频道专门针对大学生就业进行指导、服务，还有一些专门针对学校设置的就业内容，大学生参与比较多。许多高校还建立了就业指导网，其内容大致可分为就业指导、就业管理和就业服务三大类。

第三，网络社团活动。社团是大学生进行自我教育、自我管理、自我服务的重要群体，也是进行大学生社会实践教育的重要载体。网络社团是大学生基于兴趣和爱好在网络空间建立的，旨在满足自身需要、促进自身全面发展的群体，一般有三种形式：一是现实社团的网络化，二是基于网络本身而建立的大学生社团，三是基于网络的超时空性和适应现代社会开放性要求而建立的跨校园、跨地区的大学生网络社团。

总的说来，大力加强大学生虚拟社会实践教育是适应全球网络化、教育信息化发展的需要，它能够有效解决传统大学生社会实践教育的诸多困境，拓宽大学生社会实践教育的内容、方式、方法，增强其有效性。在实践中，需要做的是以社会需要为目标、以院校为依托、以专业为基础、以网络为平台整合各种社会实践资源，从而形成系统完整、科学规范、易于操作、各有特色的大学生虚拟社会实践教育体系。

第五章　大学生思想政治教育的路径拓展

第一节　强化新时期大学生思想政治教育的主渠道

高校思想政治教育的主渠道是思想政治理论课，这类课程承担着对大学生进行系统的马克思主义理论教育的任务，主要通过课程教学的方式，引导、帮助大学生坚定理想信念，树立正确的世界观、人生观和价值观，是社会主义大学本质特征的集中体现。

一、强化新时期高校思想政治教育的主渠道的必要性

高校思想政治教育主渠道建设凸显了社会主义大学的本质，在本质上社会主义大学与资本主义大学是不同的，十一届三中全会召开后，教育部、共青团中央下发的关于思想政治工作的第一份文件——《关于加强高等学校学生思想政治工作的意见》明确指出，"社会主义大学与资本主义大学的本质区别，就在于它培养的学生具有社会主义觉悟，拥护共产党的领导，热爱社会主义祖国，努力为人民服务，刻苦钻研业务，立志为建设社会主义现代化强国而奋斗"[①]。大学生的思想政治素质的培养需要高效的思想政治教育，其中思想政治理论课是主渠道，思想政治理论课通过教学发挥育人的功能，体现了社会主义大学的本质要求。

（一）强化新时期高校思想政治教育的主渠道是保证高等学校社会主义办学方向的需要

大学是传播知识、培养人才的基地，必然要为国家的建设服务，国家的性质决定高校办学的基本性质。因此，为了保证高校办学体现国家性质，体现社会主义办学方向，就要开设具有政治性质的课程。新中国成立之初，党和国家就对当

[①] 教育部思想政治工作司.加强和改进大学生思想政治教育重要文献选编（1978—2008）[M].北京：中国人民大学出版社，2008：5—6.

时的教育性质和主要任务做出了明确的规定。在具有临时宪法性质的《中国人民政治协商会议共同纲领》中就规定："中华人民共和国的文化教育为新民主主义的，即民族的、科学的、大众的文化教育。人民政府的文化教育工作，应以提高人民文化水平，培养国家建设人才，肃清封建的、买办的、法西斯主义的思想，发展为人民服务的思想为主要任务。"这就为高等学校的办学指明了方向。

为确保我国社会主义的办学性质，党和国家采取了许多措施，其中一项重要措施，就是在大学开设马克思列宁主义的政治课程，政治理论课是社会主义高等教育的重要标志，是培养又红又专人才的重要保证。为了保证思想政治理论课教学工作的顺利开展，以发挥其在保证社会主义办学方向上的重要作用，教育行政部门还把系统的马列主义政治理论课的教学作为"一切专业教育的基础"，渗透于各专业中，思想政治理论课成为所有在社会主义大学就读的大学生的必修课程。

思想政治理论课在保证高等学校的社会主义办学方向、体现社会主义的本质要求方面发挥重要作用，除了开设思想政治理论课外，还体现在培养人才的思想政治素质。我国坚持把大学生培养成为德智体美全面发展的社会主义合格建设者和可靠接班人的方向从未改变，高校思想政治理论课发挥着培养与之相适应的思想政治素质的重要作用。这一作用的发挥，就是通过教学的方式，使学生逐步完整和准确地学习和掌握马列主义、毛泽东思想、中国特色社会主义理论体系，树立正确的世界观、人生观和价值观，能够用马克思主义的基本原理去研究新情况、解决新问题，能够在走上工作岗位后坚持为社会主义现代化建设服务。

（二）强化新时期高校思想政治教育的主渠道是推进马克思主义大众化的必然要求

在高校，通过思想政治理论课这一主渠道加强大学生思想政治教育，是大力推进马克思主义大众化的必需方式。因为"马克思主义既是我们党的思想理论基础，又是我们制定教育路线、方针、政策的根本指导思想，是我们坚持社会主义办学方向的思想保证"[①]。通过思想政治理论课，帮助大学生系统学习马克思主义

---

① 黄蓉生，陈跃. 邓小平教育思想教程[M]. 成都：四川人民出版社，2002；73.

理论，树立正确的世界观、人生观和价值观，这是推进马克思主义大众化在社会主义大学必做的工作。

重视推进马克思主义大众化，是中国共产党的优良传统。"马克思主义理论教育是高等学校一切思想政治教育的基础。"①青年大学生通过思想政治理论课学习马克思主义主要有两个方式，一个是在专业课程和文化素质课程中，将马克思主义理论渗透到教学中，以潜移默化的方式对学生进行教育；一个是开设专门的马克思主义教育课程。2004 年，中共中央、国务院下发的《关于进一步加强和改进大学生思想政治教育的意见》强调，充分发挥思想政治理论课课堂教学在大学生思想政治教育中的主导作用，"要按照充分体现马克思主义最新成果的要求，全面加强思想政治理论课的学科建设、课程建设、教材建设和教师队伍建设"②，也就是通过思想政治理论课的系统建构和建设，将当代中国马克思主义的最新成果灌输给学生。

马克思主义大众化要注意其"化"的对象的特殊性，思想政治理论课要承担马克思主义大众化的任务，需要对学生面临的实际问题释疑解惑。青年大学生有着较高的知识文化水平，对于各种理论，有着自己的判断。因此，把握青年大学生的思想特点，注重青年大学生的接受心理，是上好思想政治理论课程的前提。要抓好思想政治理论课程建设，务求教学理论能满足大学生健康成长的需要，增强思想政治教育的实效性。

（三）强化新时期高校思想政治教育的主渠道是占领大学生意识形态领域主阵地的必经渠道

坚持社会主义办学方向，必须占领高校意识形态领域的主阵地，思想政治理论课是占领主阵地的必经渠道。新中国成立以来，意识形态领域的斗争就一直存在，改革开放以来，和平与发展成为时代的主题，综合国力的竞争成为各国竞争

---

① 教育部社会科学司. 普通高校思想政治理论课文献选编（1949-2008）[M]. 北京：中国人民大学出版社，2008：110.
② 教育部社会科学司. 普通高校思想政治理论课文献选编（1949-2008）[M]. 北京：中国人民大学出版社，2008：204.

的主要内容，但意识形态领域的斗争并没有因此而退出历史的舞台，而是表现得更为隐蔽，更为复杂。对外开放，也为各种社会思潮的涌入提供了便利。在高校这块学术相对自由、思想碰撞比较集中的地方，各种思潮的涌动和影响更为明显。大学生是青年的主力军，正如毛泽东所说的那样，"青年是整个社会力量中的一部分最积极最有生气的力量。他们最肯学习，最少保守思想"[①]。但相对来说，大学生在人生经验和政治经验方面存在不足之处，因此容易受一些错误思想的影响，为此，要加强大学生的思想政治教育工作。毛泽东曾给周恩来等写信指出："大学、中学都要求加强思想、政治领导和改进思想、政治教育，要削减课程，要恢复中学方面的政治课，取消宪法课，要编新的思想、政治课本……要赋予高等教育部和教育部以领导思想政治工作的任务。"[②]可见，毛泽东充分肯定了思想政治理论课程的重要性。

改革开放后，各种思潮先后传入中国，在不同程度上影响着青年大学生的思想。不可否认，有一些思潮对于国家的改革开放和社会主义建设，以及青年思想政治素质的培养，有着积极的作用和可取的地方，但也存在许多错误的、给社会主义建设和思想政治教育带来负面影响的思潮，有些思潮的影响甚至非常广泛和深刻。因此，加强思想政治工作势在必行。2004 年中共中央、国务院《关于进一步加强和改进大学生思想政治教育的意见》指出，"国际敌对势力与我争夺下一代的斗争更加尖锐，大学生面临着大量西方文化思潮和价值观念的冲击"，而"学校思想政治理论课实效性不强，哲学社会科学一些学科教材建设滞后，思想政治教育与大学生思想实际结合不紧"。为此，要占领高校意识形态主阵地，必须充分发挥课堂教学在大学生思想政治教育中的主导作用，要按照体现当代马克思主义最新成果的要求，全面加强思想政治理论课的学科建设、课程建设、教材建设和教师队伍建设。

总而言之，改革开放以来，作为大学生思想政治教育主渠道的思想政治理论

[①] 共青团中央. 毛泽东邓小平江泽民论青少年和青少年工作[M]. 北京：中央文献出版社，2000：108.

[②] 共青团中央. 毛泽东邓小平江泽民论青少年和青少年工作[M]. 北京：中央文献出版社，2000：112.

课在坚持社会主义办学方向、推进马克思主义大众化工作和抵制错误思潮的侵袭、占领意识形态领域主阵地方面发挥了重要作用，充分体现了社会主义大学的本质要求。

二、新时期高校思想政治教育的主渠道建设现存问题

（一）思想政治理论课不受领导重视

长期以来，学校、家长、社会对专业教育很重视，而对思想政治教育重视却不够。尽管我们一再强调德智体美全面发展，把德育放在首位，但在做的时候，往往没有真正重视起来，投入的人力、物力、财力不够。目前对学生考核评价的标准，仍然主要是看专业素质，看业务素质，对思想政治素质的评价往往比较原则和笼统。其实，在大学生的综合素质的评价结构体系中，思想政治素质居于主导地位，是一个人的灵魂。如果我们只注重智育的开发，忽视道德塑造，不着眼于人的全面发展，那么我们培养出来的人将可能是有智商而没智慧，有知识而没文化，有文化而没教养，有目标而没信仰，有欲望而没理想，有青春而没热血，这是多么可怕而可悲的事情。

（二）教师队伍队伍素质有待提高

在思想政治理论课教学过程中，教师是教学活动的设计者、组织者和主导者，其业务素质、思想政治水平、理想信念状况、主体意识等方面都关系到课堂教学的实际效果。教师是否以高昂的热情和积极的态度投入教学，是否具有坚定的马克思主义信仰，是否具有科学的认知方式和教学方法，都会对课堂教学实效性产生直接影响。改革开放以来教师总体素质明显提高，但主体性不强、素质不高的现象仍较为普遍地存在，制约了课堂教学的有效性。有关教育专家曾说："这几年高校思想政治理论课教学的薄弱环节中，教师是关键，又是瓶颈。"

高校思想政治理论课教师的自身素质有待提高。高校思想政治理论课不是纯知识的传授，而主要涉及价值观和行为选择，因此要求教师要有较高的素质。就目前高校思想政治理论课教师队伍的现状而言，存在着半路出家、脱离原专业从事思想政治教育的现象，教师暂时从事思想政治教育而没有长远打算，科学理论

功底相对不足。而且由于许多高校思想政治理论课教师数量少，没有达到国家要求的 1∶400 的比例，教学任务十分繁重，没有更多的时间和精力用于备课、科研和深造或培训，影响了理论素养的提高。

思想政治理论课教师的主动性低也对课堂教学实效性产生不利影响。在高校教师队伍中，思想政治理论课教师相对于其他专业教师而言，地位较低，部分教师对自身角色定位不准，仅视自己为"教书匠"，看低自己从事的教学工作，主体意识不强，教学热情不高，不能自觉地以主体身份和责任意识开展教学工作，有的甚至对课堂教学消极应付，敷衍了事。因此，从思想政治教育者的主体性视角考察，教育者主体性意识不强、能动性作用发挥不恰当是造成思想政治教育有效性缺失的直接原因。

（三）教材建设有待深化

马克思主义发展到今天，内容已十分丰富，因此，在设置思想政治理论课课程体系时，既要顾及马克思主义的基本理论，又要说明每一时期马克思主义中国化的具体内容，哪一块都不能忽视，从而造成了课程体系十分庞杂。思想政治理论课由最初的三门课，发展到后来的八门课（指 1998 年课程设置方案），每门课都变成了重点，各门课的课时也基本平均分配，因而导致了思想政治理论课课程体系的中心不太明确。而每一门课都强调自己的专业知识的完整性和讲授灌输的满负荷性，并且自成体系，使相关内容的纵横关系缺乏协调，导致了某些课程内容的重复。同时，思想政治理论课的相关教材对许多仍然具有现实合理性的原理和观点，缺乏应用新视角、新方式进行强有力的表述；对许多反映现实变化和面貌的新原理、新观点，没有及时地、普遍地采纳；新兴学科、交叉学科、边缘学科的知识，远远没有得到合理地充分地运用，这又导致了课程内容与学生以前的中学课程内容撞车。教材反映理论和实践的最新发展的力度不够，尤其是难于及时回答在社会急剧变革进程中大学生普遍关心的热点、难点和深层次问题，难以解释日常生活中备受关注的民生问题，不能有效地解决思想政治理论课的"供给"同大学生成长"需求"之间的矛盾，按照这样的教材授课，自然会使思想政治理论课的教学缺少吸引力、针对性、启发性和实效性。

（四）教学方法陈旧

教学方法的创新是影响思想政治理论课教学实效性的关键。在目前已经有了全国统编教材的情况下，要想高质量上好马克思主义理论课，改革教学方法、讲究教学艺术显得尤为重要。所有教学方法，其前提和出发点必须是贴近学生、贴近学生的生活实际、贴近学生的需求、符合学生的思想特点。目前有的思想政治课教师不能做到把"马克思主义理论""科学发展观""小康社会""社会主义和谐社会"这样的大道理同大学生的人生理想、自我价值、社会价值的小道理结合起来，不能把对现代社会激烈竞争的诠释与对大学生的迷茫、困惑的引导和解答结合起来，因此，学生感觉不到"上课内容与自己关注的内容息息相关"，课程远不能满足学生的需求，不能真正走进大学生的心灵，自然也就失去了吸引力，具备不了打动学生的魅力。

多年来，思想政治理论课教学方法保守、形式单一，仍然是教师为主体的单向灌输式，师生之间的交流与互动不够，"我讲你听，我教你学"的单边教学活动依然存在，学生处于被支配的地位，往往只是被动地接受和消极应付，学习的积极性不高，主动性也没有被充分调动起来，创新思维和探索精神得不到充分发挥，即使教师滔滔不绝地讲解，听之者却是寥寥无几。"这种机械刻板式的教学方法显然无法培养人的全面的整体素质，更不利于开发学生的创造潜能。"[1]而且，一些理论课教师在授课过程中往往摆出一副尊贵者、权威者、训导者的架势，不利于营造融洽的师生关系和活跃的课堂气氛。

思想政治理论课教学方法亟待创新，教学理念亟待调整。应当注重教会学生思考的方法、提高学生思考的能力，只有以这样的教学理念为指导，才能真正做到在课堂教学中注重教师与学生的互动，既充分发挥教师的主导作用，也充分尊重学生的主体地位；以问题统领课堂，引导学生提出问题、思考问题、解决问题，全面提升学生的批判思维水平和关注现实的能力。教师语言的运用，情感的交流，营造课堂氛围的能力也是非常重要的。而情境教学、体验教学、模仿教学等方法的创新也会直接影响教学效果。所有教学方法都必须根据教师自身特点和优势去

---

[1] 张雷声. 新时期思想政治理论课教学方法探讨[M]. 北京：高等教育出版社，2006：148.

进行创新，形成独特的个人风格，学生才能喜欢老师，才能由欣赏教师的人格魅力、折服于教师的才华，到喜爱课程本身。由对教师的接收到对课程的接受，教学质量自然会得到提高，而教师应充分发挥主观能动性以实现这一转换。

三、强化新时期高校思想政治教育的主渠道的路径

（一）各级各部门领导要在思想上重视思想政治理论课

开设思想政治理论课的真正目的不在于让学生学到多少具体的理论知识，而是让这些知识、思想内化为素养，使学生树立正确的世界观、人生观、价值观、道德观和法治观，成为社会主义事业的合格建设者和可靠接班人。因而，高校的领导除了重视学生专业技能的培养外，更要从思想上高度重视学生的健康成长，把思想政治理论课真正作为重点课程、龙头专业来抓，在保证学分课时的同时，更注重教学质量。基本的做法包括：

第一，把思想政治工作纳入学校改革发展的总体规划中去，要在组织上保障思想政治理论课教学工作的顺利进行。强调学校党委的统一领导，加大对思想政治理论课的财力和物力的投入，尽可能为学生的思想政治教育创造良好的条件。

第二，教学执行运作管理层次，包括教务处、思想政治理论课教学管理单位和教研室。教务处负责思想政治理论课教学计划的安排，监督、检查教学效果，协调思想政治理论课教学单位和其他专业教学单位的关系；思想政治理论课教学管理单位应是独立的，直属学校领导的机构，负责统一管理思想政治理论课教师队伍建设与学科建设，全面履行思想政治理论课教学的组织和管理职能；思想政治理论课教研室具体实施课程教学计划、组织备课、听课与讲课，抓好思想政治理论课课程建设与教学改革，包括机构设置、学科地位和领导听课等三级指标。

第三，大学生思想政治教育主管部门和相关教育科研机构要加快教材的编写及教学方法改革的研究。

（二）建立一支高素质的"思想政治理论课"专职教师队伍

作为思想政治理论课教师，要有效地教授马克思主义理论，树立中国特色社

会主义的坚定信念，树立正确的政治观点和价值观念，关键是自身要有坚定的政治立场和科学的世界观、人生观与价值观，要对所教的理论"诚信之，笃教之，躬行之"。这就要求思想政治理论课教师的政治思想素质、科学文化素质、教育教学能力等方面都进一步提高。思想政治理论课教师要发挥好教书育人的作用，坚持用发展着的马克思主义武装大学生，始终保持教育教学的正确方向；坚持理论联系实际，贴近实际、贴近生活、贴近学生；坚持开拓创新，不断改进教育教学的内容、形式和方法；力争在几年内，使高等学校思想政治理论课教学状况有明显改善。

（三）改革课堂教学方法

通识教育要求课堂教学必须突破以注入式、灌输式为特征的传统方法，倡导启发式、参与式、互动式、研究式的教学，凸显学生的主体地位，以利于充分调动学生学习的主动性和积极性，真正实现开发和培养个体能力的目的。新型的课堂教学方法有很多，在此主要介绍以下几种。

1. 团队授课法

团队授课法是指一门课程由多个教师共同承担教学任务的一种教学方法。鉴于一些课程涉及多学科的理论知识和研究方法，因此课程的教学可以突破以往由一位任课教师主讲的形式，改由教学团队负责实施。在课程实施前的准备阶段，教学团队通过为期半年的多次集体备课、试讲，统一对教学目的、课程内容的认识。教学过程中，各位教师集中精力就其主讲内容充分发挥自身特长，使学生从一门课程中能够了解不同学科的知识，有效拓宽学生的视野，并培养其跨学科研究和学习的意识。

2. 情境教学法

情境教学法是指在课堂教学条件下，根据教学内容的实际操习和训练需要，创设以模拟真实情况为主要特征的人为情境，让学生扮演情境中的不同角色、从事指定的活动，以达到预定数学同标的一种教学方法。情境教学法在将理论知识转化为学生相应的能力方面取得了良好的效果。

3．案例教学法

案例教学法也称实例教学法或个案教学法，是指在教师的指导下，根据教学目标和内容的需要，采用案例组织学生进行学刊、研究的方法，一般由精选案例、呈现案例、分析讨论、总结陈述四个阶段构成。采用案例教学法不仅可以丰富课程内容，增强课堂教学的生动性，更重要的是通过创设一个良好的宽松的教学实践情景，把现实典型问题展现在学生面前，让他们设身处地去思考、分析、讨论，对于培养学生的创新能力和分析、解决问题的能力成效明显。

4．活动教学法

活动教学法是指在教学中通过学生主体活动和主动探索，发展学生整体素质的一种新型教学方法，它主张构建一种以实践性、亲历性、体验性为特征的教学体系，让学生走出课堂，走向自然、社会，在考察、调研、实验的过程中应用知识，感悟人生，积累经验，以此来获得能力的整体发展。

（四）创新理论课教学内容

好的教学内容是提高课堂教学实效的基础，只要内容是大学生应当听的、想了解的、和社会生活实践密切联系的、对社会生活实践有直接的指导作用的，它的效果就应当是显著的。具体而言，教学内容的创新，应该立足于以下方面：

第一，以教材为纲，教师灵活使用其内容，突出重点和难点。教师要准确把握教学内容的重点和难点，以大学生的现实思想为依据，以理论内容的重点和难点为轴心，充分利用现实材料去进行有理有据的讲解，讲好重点、讲透难点。另外，准确把握社会中的热点问题，并以此为根据，在保证使用教材系统性完整性的前提下，充分利用课堂内的有限时间，灵活合理地取舍教材内容，及时地为学生做出有力的说明。

第二，必须及时更新教学内容。思想政治理论课必须与国内外形势紧密联系，只有这样才具有生命力，这是它不同于其他学科的特点。国内外形势是不断变化的，而教材的出版却有一个周期，思想政治理论课的教材具有相对稳定性，这就要求教师跟上时代发展的脚步，不断调整、补充教学内容，使教学内容富有时代精神和时代气息。

第二节　建设新时期高校校园文化建设的小环境

校园文化在培养大学生德智体美等方面具有非常重要的作用，它与课堂教学是一个相互呼应、相互渗透、共同作用的教育过程，校园文化是课堂教学的补充和延伸。高校应努力建立起一套完整的、全方位的校园文化体系，有计划、有步骤地开展适应思想政治教育的校园文化建设，为大学生思想政治教育的全面提高营造一个全新的空间。

一、建设高校校园文化小环境的基本原则

校园文化是我国高校传承与开拓的助力剂，在高等教育中发挥着积极而重要的作用。建设优秀的校园文化是一项系统工程，要坚持符合我国高等教育的方针与政策，也就是既要在时代主旋律的指引下，注重多样性的延伸，也要把精神与物质加以协调统一，又要在积淀传承与创新发展中找到共同促进的平衡点，更要在秉持国情特色的基础上，拓宽视野，面向世界。建设新时期高校校园文化建设的小环境要遵循以下几个基本原则。

（一）坚持主旋律与尊重多样性相统一

大学是人类文化传承、创新与发展的重要基地。大学不但要传承和创新知识，更具有熔铸、守望人文精神的神圣使命。校园文化建设是实现这一使命的必然途径，是高校精神文明建设的重要基础和重要前提。

高校必须建设一个文化层次较高的校园文化环境，传承大学精神，使广大青年学生能养成良好的思想道德品质。党的十四届六中全会决议提出的社会主义精神文明建设指导思想中，提出了"以科学的理论武装人，以正确的舆论引导人，以高尚的精神塑造人，以优秀的作品鼓舞人"的理论指示。这也就要求校园文化建设必须坚持正确的政治方向、价值导向和审美旨向，贯彻党的基本路线和教育方针，高扬社会主义、爱国主义和集体主义主旋律。

新媒体视野下大学生思政教育创新探索

当今社会处于文化井喷时代，各种类型的文化层出不穷，相互交融并得以发展。随着这种趋势，社会发展必将呈现出更大的开放性和适应性，文化多样性将是一种必然趋势。历史无数次证明，保守和封闭只能走向停滞和僵化，建设高水平的校园文化必须使校园与社会联网，走开放之路，尊重主体多样性的发展。

当然，尊重校园文化多样性也不等于忽视主旋律建设的精神引领作用。文化主旋律和文化多样性是相互促进的关系，也就是必须坚持主旋律与尊重多样性的统一，这才是对校园文化建设应该持有的态度。

1. 主旋律建设是校园文化应有的根基

健康向上的文化使人获得知识、陶冶情操、健康成长。因此，搞好校园文化建设有利于大学生思想道德素质和科学文化素质的提高与完善，扩大到整个社会，搞好校园文化建设是社会建设和精神文明建设的重要组成部分。同时，校园文化也表明一所学校独特的风格和精神，是联系协调学校人际关系的纽带，是学校的形象和灵魂。校园文化对于整个高校的发展来说具有一定的引领作用，其建设无疑需要有坚实的精神基础、高端的思想起点、聚力的发展导向，需要一种强大的文化建设风向标。精神基础、思想起点、文化风向标无疑就是校园文化的主旋律。

2. 文化多样性是校园文化的殷实土壤

校园文化是一种区域性的亚文化，会受到社会主流文化和高校办学特色的影响。由于地域文化和各高校办学特色的差异，各高校校园文化体现出多样性特征。首先在内容方面，各高校校园文化的心理和价值取向、风俗礼仪和伦理制度，都各不相同。其次在形式方面，各高校校园文化只有不断更新其形式，保持新鲜感，才能持久引起学生的兴趣。校园文化活动内容、形式要多样化，既要融思想性和知识性于一体，又要具有娱乐性和实践性。因此，高校校园文化的多样性要在坚持主旋律的旗帜引领下，从校园文化内容和形式着手加以建设。

（二）坚持积淀传承与创新发展的统一

文化是历史形成的。不经过一定的历史积淀和传承，文化的优秀品质难以体现。在高校长期发展的历史积淀中形成的、具有相对稳定性的文化传统意识是现代校园文化传统中最宝贵的部分，是大学抵抗挫折、谋求发展的顽强生命力的底蕴所在，是一所学校的灵魂，是一个学校精神与氛围的集中体现，也是高校赖以生存的根基，更是高校可持续发展的精神动力，对于稳定大学的风格和水准具有至关重要的作用。

大学得以持续健康发展的推动力源自优秀的高校校园文化。高校校园文化的建设与创造，既是一个继承、借鉴、创新的综合过程，也是一个德育与智育、科学与价值以及人与人相互作用、相互促进的复杂过程，需要精心构建，要在理念上精心提炼，在实践中长期培育。传承高校的特色与优势文化依靠学校师生的共同努力与不懈创造。

（三）坚持立足国情与面向世界的统一

呼唤面向世界和未来的校园文化创新已成为全球高等教育发展的一大潮流。面对经济全球化的挑战，校园文化不能回避（事实上也回避不了）、而应积极主动地融入世界大潮之中，通过与大风大浪的搏击，使自己的羽翼逐渐丰满，从而实现国际化与民族化的统一，实现自身的完善和发展。

1．坚持立足国情与面向世界的统一是校园文化发展的基本要求

在长期的发展历程中，校园文化逐步形成了自身的特点，这些特点又反过来对校园文化的发展提出了更高的要求。

（1）校园文化的特点决定了其发展必须坚持立足国情与面向世界的统一。首先，校园文化是开放的。特别是在对外开放的程度和范围都迅速拓展、对外联系不断加强的今天，校园文化也要全面融入世界文化之中，其开放性更为突出。校园文化成了中西文化的一个重要交汇点，已处于一个全方位的开放环境中。面对西方文化的大量涌入，校园文化显然不能重蹈"闭关锁国"的覆辙，而应积极主动地打开校门，把西方文化中先进的、积极的东西请进来，营造出校园文化发展的国际化氛围。

（2）校园文化的内容要求其发展必须坚持面向世界与立足国情的统一。社会存在决定社会意识，社会存在发生改变，社会意识也必须通过调整或发展，去满

足、适应社会存在的变化要求，才能构建社会的和谐与安宁。校园文化是一种社会亚文化，也要受这个规律的支配，受社会存在尤其是校园现实的决定影响。校园文化一直都在紧随社会的发展而发展，其内容都在为适应时代发展的要求而不断更新。特别是在当今这个科技迅猛发展、社会变化日新月异的时代，一系列的思想观念、精神意识应运而生，竞争、合作、时效、诚信、创新等，已成为社会客观存在的现实或人们广泛追求的目标。校园文化的发展更应该坚持立足国家发展需要与吸收世界先进文化的统一。立足国家发展需要，在校园中创设为祖国建设服务的思想氛围；吸收世界先进文化，在学生学习和生活中建立争当优秀的理念，把学生教育放在世界舞台之中，和当今世界最先进的技术和文化进行比较，激励学生努力学习。

2．校园文化对面向世界与立足国情的应有态度

面向世界和立足国情是校园文化发展的要求和方向，它们也是对立并存的。只有端正了对它们的认识态度，校园人才有可能将其作为一项原则去贯彻实施。

从根本上说，对待面向世界和立足国情的态度是与我们对外来文化和传统文化的态度完全一致的。对外来文化和传统文化，校园文化的基本原则是采取分析、辩证的态度，积极利用其合理成分，并结合具体情况加以批判继承、消化吸收。因此，这也是我们在看待面向世界和立足国情时的总方针。但长期以来，校园文化在实际发展中，易偏离或忽视了这个方针，凭主观臆断，感情用事，这是制约校园文化发展的重大问题。

二、建设新时期高校校园文化的途径

（一）充分发挥教师群体的主导作用

校园文化是群体文化，需要群体中的个体参与建设，来产生频率的共振，发出强音。良好的校园文化氛围形成仅靠学生活动是不够的，需要学校领导、教师的共同努力。调动起每个个体参与校园文化建设的主动性与兴趣，是教育者引导校园文化的基础。

校园文化是以校园为空间背景，由教育者和被教育者双重主体围绕教学活动和校园生活而创制并共享的。在校园文化系统中，学生是校园文化的主体，教职员工是校园文化的引导者，领导是校园文化的倡导者。他们分别以不同的文化人群身份，创造着各自的文化，构成了校园文化的重要组成部分。他们各自对校园的影响方式和程度各不相同。大学教师是大学校园文化中的主要创造者和传播者，与学生相比，这个主体更加稳定，也更加坚定，是学校理念的执行者和实践者；另一方面，大学校园文化又造就了教师群体，教师被大学的文化氛围和环境，不断地熏陶、同化、浸染、模仿，在其思维方式、行为方式、情感方式以及价值判断等方面都会烙下学校文化传统的痕迹，不断影响和引导着自身的发展，同时影响着学校文化的发展和创新，教师的为人师表、行为示范对学生、对整个校园都有不可估量的作用。因此，我们要注重发挥教师在校园文化建设中的积极作用。

（二）重视校园文化的个性培养

文化需要长期积淀，也需要有意识地培育，其中，凸显个性是校园文化培育的一个重点。有个性的大学是高等教育一道亮丽的风景，比如牛津和剑桥齐名，相比之下，牛津雍容富丽，具有王者风范，而剑桥则以幽雅的韵味著称，宛若诗人风骨，这就是其各自不同的校园文化。一所好大学能给每个学生的身上都打上烙印，包括气质、性格，甚至到举手投足。

（三）加强校园文化品牌建设

2006 年以来，教育部每年举办高校校园文化建设优秀成果评选活动，全国高校纷纷打造五彩缤纷的校园文化品牌，比如北京大学的校园原创文艺发展、清华大学的毕业文化建设、四川大学的"四馆一廊"（校史馆、博物馆、自然博物馆、美术馆、历史文化长廊）建设、武汉大学的师德载体创新等等。这些品牌虽然各不相同，但是有两点是共通的，那就是都体现学校的传统和特色，传统是指能长久坚持、形成积淀，特色是指能立足自我、别具一格。品牌是影响力，是号召力，校园文化建设一定要坚持走品牌路线，把它做实、做精、做久。我们需要进一步地挖掘资源，加强整合，加强项目化运作。

（四）增强学生社团活力

社团是大学生人文素质教育的新载体，是进行自主性教育的新平台。以兴趣为纽带组织开展的社团活动越来越成为校园文化建设的重要组成部分。作为校园文化的主力军，学生社团撑起了校园文化的半边天。社团以其特有的魅力、多样的活动建构起大学生感悟传统与现代、民族与世界、校园与社会的自由灵动的新型空间，充实学生课余生活，培养学生爱好兴趣，陶冶学生思想情操，引导学生积极投身社会实践，提高学生专项技能，同时在发挥高校作为文明源的文化辐射方面具有重要的作用。

第三节　开拓新时期社会实践活动的大课堂

大学生社会实践是人类实践活动的重要组成部分；是大学生在学习过程中学习知识、理论联系实际的应用与创新的活动；是在成长成才过程中改造主观世界、促进自身全面发展的活动；是在走向社会过程中与生产劳动和人民群众相结合的，适应社会、承担社会责任的活动；是大学生思想政治教育工作的重要载体。

一、我国的历史中的社会实践

在我国的传统文化中，知行观在思想境界或是实用价值上都有其卓越之处。孔子有"生而知之"和"学而知之"的知行观，当时社会处于频频战乱之中，某一社会个体的生存价值绝大部分是由其蒙昧的实践观、原始的实践能力所决定的。身强体健的勇士是那个时代当之无愧的英雄。

孔子之后是一个社会个体追求知行观的漫长的历史时期。无论"格物致知""学而知之"，还是"君子观"，都是扬弃蒙昧的实践观，试图将知性与行为相统一的理论形态。古代中国的大思想家们往往偏向于认知同行为的协调，即所谓"知行合一"，但这种协调与合一并没有落脚在知性之上，其落脚点是在行为的社会实用性或经世致用之上。

宋明之后，以个人为主体，主要围绕着知行的先后、分合、轻重、难易展开讨论，这可以看作中国古代知行观的范式。朱熹知行观强调知难行易、知先行后，与传统知行观形成鲜明对比。明代王守仁首先在理论上反对传统知行观中对知行分先后轻重，而提出知行合一的理论。王夫之则穷尽了这一范式的发展余地，成为中国古代知行观的集大成者。

到了近代，资产阶级革命的伟大先行者孙中山更是提升了知行观的意义，不仅超越了古代认识论水平，而且在一定程度上克服了旧唯物主义的缺陷，比较接近辩证唯物主义认识论的观点。他认为人类的知与行是随着社会的发展而发展的，大体经历了三个时期，即从"不知而行"到"行而后知"再到"知而后行"。行在先，知在后，"行先知后"，知是从行中来的，能实行便能知，能知便能进步。在知行关系上，他提出了"知难行易"，是带有鲜明唯物主义色彩的知行观。从总体上看，孙中山先生的知行观中这种"知行统一"的认识论传统与马克思主义认识论关于认识过程中主观与客观的统一、认识与实践的统一、感性与理性的统一等基本思想是一致的。

二、社会实践的特征

（一）综合性特征

大学生社会化的任务是为进入社会、承担社会职责做好全面的准备，必然要求大学生在学习、成长成才和社会化过程中，全面系统地掌握知识、提升能力、锤炼品格、了解社会，成长为社会所需的高素质复合型人才。因此，大学生社会实践活动必须具备社会实践内容的全面性、实践形式的多样性和实践理念的包释性，这就赋予了大学生社会实践活动所具有的综合性特征。首先，大学生社会实践应该实现德、智、体、美的有机结合，完成全方位育人的目标，强化社会实践内容的全面性。其次，大学生社会实践应该实现自我教育、学校教育和社会教育的有机结合，突出社会实践形式的多样性。再次，大学生社会实践应该实现主观与客观、理论与实践的有机结合，彰显社会实践理念的包容性。

（二）主体性特征

大学生社会实践突出实践性，也即主体本身的积极性、主动性和创造性，是

新媒体视野下大学生思政教育创新探索

以主体的全面发展为目的，通过生动活泼的活动来影响主体的观念和行为的。因此，相对于传统思想政治教育强调以学科知识体系为中心、以教师为中心，现代思想政治教育实践教学更应当充分尊重学生的积极性、主动性和创造性，发挥学生自教自律的功能，培养学生的主动性和创造力。首先，实践教学以培养、提升学生的主体性作为目的，而不是单纯地灌输政治观念和理论知识。其次，现代思想政治教育实践教学在整个过程中都注重学生的主动参与和亲身体验，学生在活动中处于主体地位。无论是实践课题的选定、材料的搜集或者具体实践活动的选择和开展，还是实践活动结束后的总结与升华，都离不开学生积极性、主动性的发挥。可以说，强调学生的主体性是实践教学的本质特征之一。

（三）预演性特征

严格意义上来说，大学生社会实践行为本身，很大程度上依然属于"校园行为"。对于大学生而言，这种活动是一种有意义的起点，未来的知识储备、能力释放、生命体验、生活展演、事业开拓，都必须借助于大学阶段的教育和相应的社会实践活动奠定良好的基础。所以，社会实践活动是大学生对未来社会生活、工作方式与学习方式的一种预演，可以对大学生产生积极作用，有利于培养成人感受和社会性情感，锻炼自理能力，培养日常生活、工作技能；有利于他们尽快融入社会，加快他们的社会化进程，早日成才。具体而言，这种预演性特征有三个方面：一是思维的预演性，二是行为的演练性，三是环境的仿真性。

（四）创造性特征

创造是人类实践活动独有的特征。建设创新型国家，提高自主创新能力，是我国现代化建设的时代要求。因此，培养具有创新精神与实践能力的高素质人才，是高等教育肩负的历史使命。大学生作为继往开来的青年一代，在社会实践活动中不仅要完成学习继承的历史任务，更要勇于面向未来、开拓创新。这就要求大学生社会实践活动必须具有创造性特征，这种创造性特征具体表现为以下方面：首先，大学生在社会实践教育活动中活学活用知识的应用性特点。其次，大学生在社会实践活动中追求新知、探求未知的探索性特点。再次，大学生在社会实践活动中实现从无到有、综合集成、拓展深化的创新性特点。显然，这种创新性的社会实践活动，有助于大学生处理继承与创新、平庸与卓越、失败与成功的相互关系，为创造性实践引领方向。

三、社会实践的功能

当代大学生社会实践活动是一种学习性、成长性实践，是利社会化实践，它在大学生的成长中起到的重要作用，主要表现在以下三个方面。

（一）掌握、应用和创新知识

这是社会的首要功能，在社会实践活动这个实践的、整体的和开放的综合教育平台上，大学生可以获取知识，体验情感，发展个性，提升全面发展的水平。

1．掌握知识

知识就是力量。知识主要有陈述性知识和程序性知识两种。前者是说明"是什么"的知识，后者是关于"怎样做"的知识。如果说学生通过课程学习获得的是陈述性知识，那么，社会实践无疑有利于大学生程序性知识的掌握和陈述性知识的理解。当今的大学教育过于强调以公认的准则为基础，重视对知识的模仿与继承。相反，社会实践则强调学生的知识获得遵循从现实中学、从实践中学、从研究中学的路径，突出大学生对知识的概括、提炼和领会，重视大学生读书学习的最终目的是运用知识和解决问题，因此，社会实践是大学生获取新知的导航器、知识掌握状况的检测器、知识巩固和知识领会的助推器。

2．应用知识

对于大学生来说，不仅仅是领会和巩固知识，更重要的是学会对知识的灵活应用。社会实践活动是大学生"学以致用"的舞台，它以满足需要和解决问题为核心，强调大学生积极探究所面对的世界，注重大学生在活动中学会发现、学会践行知识，通过这种实践活动，大学生不仅可以了解知识、把握现实社会，还可以在活动中体验感悟、创设情境、主动探究，从而使他们的知识与能力得到完美连接和释放。

3. 创新知识

创新要以知识的积累、传播、转化和应用为基础。社会实践是培养学生创新精神和能力、推动学生创新知识的重要途径，这主要表现在两个方面：

一是社会实践完成着大学生从无到有的知识创新。知识的创新来源于实践的需求。社会实践活动是大学生在实践中发现问题、解决问题、获取新知的过程。主要表现在通过社会实践活动完成了大学生对知识的聚合与整合，完成了大学生新思想、新观点的涌现。因此，对于社会实践提出的新课题，大学生只有充分调动个人潜力，勇于突破某些定论的羁绊和桎梏，才能获得新的发现、发明和结论，提升自我的创新能力。

二是社会实践活动完成着大学生知识与能力的系统集成。系统集成本意是指一个组织机构内的设备、信息的集成，并通过完整地系统来实现对应用的支持。系统集成的实践意义就在于它能够最大限度地提高系统的有机构成、效率、完整性、灵活性等，为实践主体提供一套切实可行的完整的解决方案。社会实践对大学生知识与能力的系统集成表现在：通过社会实践的立体化开展，系统优化大学生的知识结构，使其知识呈现为动态而非静态，内在关联而非分散零碎；大学生的多种能力得到系统集成，有机构成度得到提升，优化效果得到强化。同时，大学生的知识系统和能力系统得到整体性集成优化。

（二）促进大学生全面成长成才

促进大学生全面成长成才这一功能主要表现在三个方面。

1. 提升大学生的综合素质

当今世界，国家间的竞争说到底是人才的竞争，人才综合素质的高低决定人才对社会贡献率的大小。我国高等教育的重要任务主要有两个方面，不仅要提升大学生的专业知识和技能，也需要他们具有较高的思想道德素质、科学文化素质、艺术审美素质、劳动素质和身心素质。因而，大学生必须从社会实践中学习，从群众中学习，坚定社会主义信念，强化各种知识和技能的学习，注重身心健康，追求科学发展，全力把自己培养锻炼成为社会主义建设的"四有"新人，用所学服务社会和人民。

2. 锻炼大学生的实践能力

大学生的实践能力就是指大学生解决问题的能力。大学生学到的知识可以在社会实践中得到证实，从而可以强化他们知识与技能的针对性应用和训练，帮助他们了解、熟悉社会各种行业、职业资格认定标准和角色活动领域以及所需的各种专项技能，并将这些要求作为培养与提高自己实践能力的参照指标。同时，社会实践活动还能有效锻造大学生的分析判断能力、监控评价能力、决策执行能力等情景实践能力，全面推动大学生积极追求综合实践能力匹配。

(三) 推动大学生的社会服务

社会实践活动推动着校外现实生活与高等教育之间的有效对接，凸显着自身面向现代化、服务社会的功能。

1. 推动大学生与生产劳动的结合

与生产劳动相结合是马克思主义教育思想的重要指针。社会实践连接着高等教育与社会生产活动，有效推动大学生走上社会、适应社会需求、承担社会责任。

第一，与生产劳动相结合可以磨炼大学生的立业心智。大学生完成学业后，必然以普通劳动者的身份进入社会选择职业。现实带给他们立业压力是全方位的，如高校扩招、用人单位要求过高、就业单位薪酬偏低、工作环境较差以及创业过程中市场、资金、技术、设备等方面带来的压力等等。现实的和准现实的多层压力加于当代大学生肩上，理想的目标预期与现实的满足程度反差明显，立业的现实矛盾更加突出，大学生的立业心理出现极大波动。因此，通过社会实践活动，大学生可以对用人单位的人才需求信息和趋势有一定的了解，认识到来自社会职业竞争的压力，调整自身的立业目标以适应现今社会，矫正心态转变观念，抓紧机会，以"先就业后择业再创业"的方式学会生存学会立业。实践已经证明，机遇垂青有准备的头脑，心智的磨炼是成功的开始。

第二，与生产劳动相结合是对大学生立业素质与能力的一次综合试行。在社会实践活动中，大学生应当努力提高自身的综合素质和劳动技能。通过社会实践活动，大学生一方面会增加工作经验和社会阅历；另一方面，积极参与社会实践活动，发现自身的不足，调整课程选择，明确职业目标，自主规划学生生涯，合理安排时间，恰当利用学习空间，完善知识结构，强化专业技能训练，实现知识向能力的转化、由学业意识向职业意识的转化，拓宽大学生职业选择的渠道，综合试行大学生服务社会的本领。

当然，在实际生活中，大学生以多种方式与生产劳动相结合，如主体上的大学生个体与群体，方式上的实习、实训、勤工俭学、挂职锻炼等，时间上的假期与平时，空间上的乡村与城市等等。

2. 推动大学生与人民群众的结合

坚定不移地走与人民群众相结合的道路是我国有志青年团结进步、奋发成长的必由之路。"与人民群众相结合"的思想，是马克思主义"与生产劳动相结合"思想的深化和具体展开，规定并演练青年大学生成长成才的正确方向和精神境界。青年学生只有与人民群众相结合，才能成长为坚定的马克思主义者、社会主义事业的可靠接班人和合格的建设者。大学生不仅要从书本上、课堂里系统地学习、接受马克思主义理论和中国特色社会主义理论体系，还必须从当代中国的实践中学，学会运用马克思主义的立场、观点和方法去分析、研究和解决现实问题。走与人民群众相结合的道路，实质是坚定地走与马克思主义相结合的道路。社会实践活动既是对大学生政治觉悟、精神境界的检验，也是对大学生政治觉悟和精神境界的演练。同时，只有与人民群众相结合，大学生的知识体系和能力体系才能得到充实、检验与演练。在校大学生的知识体系和能力体系并不完整，只有同人民群众相结合，才能做到书本知识和实践知识相结合、能力发展与社会需求相统一。因此，社会实践推动大学生与人民群众的结合。

3. 推动大学生学会生存

社会实践活动既包含对生存知识与能力的学习，也包含对生存意义的追寻和探求。社会实践活动可以有效地推动大学生，从而使他们更好更快地融入社会、立足社会、服务社会。因此，为正确引导学生，克服和消除社会实践活动被弄得游戏化、炒作化、作秀化不良倾向，我们应该广泛动员，认真组织，提高大学生参与社会实践活动的主动性与积极性。与此同时，还要给予大学生以恰当的指导，以多种方式强化挫折教育，历练他们的意志。此外，我们还应该营造良好的社会舆论环境，制定相应的实践活动细则，规范具体要求，以制度化、科学化的方式保障大学生提高社会化生存能力，从而使他们肩负起新世纪祖国发展所赋予的历史重任。

四、开拓新时期社会实践活动的大课堂的路径深化

（一）加强组织管理，建立健全社会实践的运行机制

1. 加强高校领导层和实践组织部门的高度重视

事实表明，只有领导层高度重视，加强对社会实践活动工作的支持和指导，调动各组织部门进行科学合理的统筹安排，尽可能避免使社会实践流于形式，实践活动才能顺利、深入、全面地开展。为此，有必要把社会实践作为每个大学生的必修课，制定社会实践规范、大纲和具体实施计划，并根据学校预算收入情况，在每年的财务预算中安排专款用于大学生社会实践活动的支出。学校有责任引导学生明白：社会实践中没有学生想不想参与的问题，只有每个学生如何有效参与的问题。

2. 建立校、院（系）两级指导团队

适应大学生社会实践活动分类管理和精细化管理的要求，每一类社会实践活动、每一个社会实践团队都离不开专业化的指导团队的指导。因此，有必要建立专业化的指导教师团队。校级指导教师团队主要是负责对社会实践活动的负责人和组织者进行专门培训；院（系）级指导教师团队主要是负责对参与社会实践活动的广大学生进行专门培训。具体来说，生产实习类、军事训练类和科技服务类社会实践活动的指导团队应依托专业教师来组建，生产劳动类、社会调查类社会实践活动的指导团队应依托班主任来组建，勤工俭学类、志愿服务类和挂职锻炼类社会实践活动的指导团队应依托辅导员来组建。

3. 加强组织管理机制的规范化建设

社会实践的各项措施需要规范的组织管理机制来保证落实到位。建立这种机制就是要确定社会实践的目标，明确学校组织系统中各部门（如团委、宣传部、

教务处、人事处、科研处、各院系等）在大学生社会实践中的职责。需要指出的是，校团组织不要怕失权和放权，一切有利于社会实践活动有效开展的，都应该大胆去尝试。在具体的实践活动进行中，要注意把活动的"点""线""面"相结合，既要重视社会实践的"点"和"线"，把某一类实践活动搞得有声有色，又要紧密关注"面"上学生个体的社会实践活动。对学生个体也应在社会实践主题的确定、实践方式的选择、具体实践活动的实施、实践报告的撰写等方面进行有效的指导，并明确提出实践的具体要求。

4．丰富实践形式和内容

社会实践要形成自身的特色和品牌，既有利于实践活动的稳定发展，又不断迈向新台阶。要充分考虑地方的需要，大力开展多种人民群众迫切需要的服务活动，如支教、送医疗和科技知识下乡、送文艺活动、法律援助活动等等。可以采取不同的活动形式，如社会调查、生产劳动、志愿服务、公益活动等，但一定要深入下去，不能浅尝辄止，做表面文章。要有不怕吃苦的精神，比如搞农村社会调查，事实上完全可以到田间地头访问，采写实实在在的数据，了解劳动者真正的心声，掌握第一手资料；而不是找几个村干部拿点现成的数据，说几句无关痛痒的话，写一篇应付式的调查报告。只有沉得下去，才能切实感受到社会最真实最有用的东西，才能真正获得提高。

（二）以"三维"为核心，推进大学生实践基地建设

实践基地是专门为学生社会实践而成立的一个基地或者机构。"三维实践基地"则着力从社会实践、科技实践、创业实践三个方面大力推进大学生社会实践基地建设。若将"社会实践基地"和"科技实践基地"比作培养学生基本实践能力的 X 轴和 Y 轴的话，那么"创业实践基地"就是培养学生整体综合实践能力的 Z 坐标轴，故将此称为培养学生综合素质的"三维实践基地"。

1．社会实践基地

一方面，大学生可以充分结合区校、村校、校企共建服务活动，在区县、农村企业建设基地。另一方面，大学生还可以以班级、院系、社团等组织为单位，就近建立实践基地，各实践队伍与各实践对象可以建立长期的合作关系。同时，不同年级的学生还可以采取以老带新的方式组团开展活动，增强实践基地的传承性，为更多大学生经常性地参与社会实践活动提供机会和渠道。这种校外结合专业特点、自身优势参加社会调查、实际生产、企业管理，不仅能为社会和企业提供技术服务，也可以帮助大学生通过社会实践提升专业技能，锻炼适应社会的能力。

2．科技实践基地

高校通过开展诸如全国"挑战杯"科技竞赛、国家大学生创新性实验计划等活动，并结合科学商店项目（大学生科普志愿者进社区）在校内建立大学生科创中心，作为科技实践基地。同时，高校可以开展各项科技文化活动为巩固科技实践基地奠定基础，提高学生参与科技实践基地的积极性。鼓励完成一定创新实践并取得成果的大学生，由学校组织专家审核认定后，奖励一定的学分。从科技创新的角度承认大学生的科技成果，这样学生科技创新能力的提高反过来激发学生进一步学好科学文化知识和积极参与科技实践基地建设的兴趣，形成良性循环。

3．创业实践基地

学校不仅要满足学生创业实践的基本要求，还要通过开展系统的创业教育，选修课程和个别指导对学生进行创业知识培训，鼓励学生把自己的所学所思运用到创业活动中去。不仅如此，在学校统一指导下，学校相关部门与社会相关企业建立创业实践基地，学生就可以将在创业计划竞赛、大学生课外科技作品竞赛等各种竞赛中的作品和创意应用到创业实践中去，从而提高理论与实践结合的主动意识，增强学生创业的积极性。

第四节　用好新时期网络思想政治教育的新手段

网络集知识、娱乐、趣味和政治于一体，包含声、像、图、文等各种信息，具有虚拟性、及时性、丰富性和共享性等特点，发展非常迅速，成为当今社会信息传播的主流媒体。全面、深入、创造性地开展大学生思想政治教育需要利用网络开辟新的教育阵地。

一、新时期网络社会中学生存在的常见问题

随着网络时代的到来，网络已经深入到了大学生的学习生活，网络的作用越来越受到人们的关注和肯定。但与此相伴而生的大学生网络示范行为也越来越引起人们的关注，成为一个非常棘手而又亟待解决的问题。

（一）信息选择问题

信息网络化使大学生面对无限丰富且错综复杂的信息，其中有积极向上的，也有消极落后的；有健康高尚的，也有低级趣味的。应该接受哪些信息、回避哪些信息、抵制哪些信息，应该怎样正确处理已经接受的各种信息等，是每一位当代大学生时常面对且必须正确对待的问题。由于价值观的不同，人们在信息选择上总会有自己的偏好，呈现出千差万别的面貌。但个别大学生自制力差，缺乏正确的价值取向，沉迷于色情、暴力信息，热衷于宣传西方思想文化、生活方式等方面的信息，刻意寻找、浏览与国内主流意识形态相背离的信息等，陷入一种偏执和盲从，迷失了自我，其身心健康受到了严重的损害，应当引起家长、社会和学校的广泛关注。

（二）网络交往问题

网络为学生满足情感需要、进行情感交流、建立情感关系提供了平台，当这种情感关系添加进恋情、色情、情趣，便会产生诱惑，使之强化成瘾。沉迷于网络虚拟世界的大学生，常常有多个网名，扮演着不同的角色甚至性别，多重角色间的矛盾冲突、虚假身份与现实身份的矛盾冲突，使他们易产生角色认同错误。当他们从虚拟世界获得比现实世界更多快乐体验时，就可能将更多的时间和精力投入到网络世界。特别是在现实生活中遇到挫折、困难时，更是趋向于到网络中寻找安慰。网络往往掩盖了真实生活，扩大了"现实生活"与"虚拟社会"间的差距。当学生选择逃避现实、沉溺网络之中时，就会逐渐疏远现实关系，甚至疏离亲情、友情和人情。这样的学生发展下去，有可能由逃避现实进而到敌视现实，表现出反社会的行为。

（三）网络犯罪问题

网络固然是一个虚拟的世界，但它毕竟与现实世界有着密不可分、千丝万缕的联系。无论网络行为还是现实行为，只要达到了一定的社会危害性，都可能构成违法犯罪活动。个别学生凭借自己掌握的网络高科技手段进行有意识和无意识的犯罪行为。例如，利用网络进行欺诈、诈骗、盗窃；滥用信息技术制造传播信息垃圾和计算机病毒，非法侵入、攻击或破坏他人信息系统；编造虚假信息对他人进行诽谤或制造社会混乱；肆意侵犯他人隐私。这些行为都是具有一定社会危害性的违法犯罪行为。当那些以"网络高手"自居的大学生，沉浸于遨游网络的快乐和享受人机大战的惬意时，如果法制意识淡薄，就有可能陷入违法犯罪的泥潭。

（四）网络成瘾问题

互联网对于许多青年大学生来说，具有极大的魅力，因此，难以抗拒它的诱惑力，上网成了"落网"，把大量的时间和精力花在网络上，而一旦在网上形成一种持久而难于解脱的信息满足方式，就表明该学生已形成网瘾。简言之，网络成瘾就是指某人被网络信息左右、控制，身不由己地丧失主体性，甚至成为网络的附庸与奴隶，就像毒品成为吸毒人的需要一样。因此，网络也被人们称为"电子海洛因"。一些大学生上网成瘾，不能自拔，一般表现为：不断增加上网时间；上网则开心快乐，下网则抑郁失落；较少参与社会活动和人际交往；以上网来消磨时间，逃避现实生活的烦恼；坚决否认上网会给自己的学习和生活造成什么损害。网络成瘾对青年大学生的危害是巨大的，必须引导那些上网成瘾的青年大学生，不再生活在"迷失的世界"里，要保持足够的清醒，真正成为网络的主人，而不是网络的奴仆。

二、大学生网络思想政治教育的优势特征

（一）教育主体的平等性

网络思想政治教育主体的平等性表现在两个方面：一是主体地位的平等性。

新媒体视野下大学生思政教育创新探索

网络交往的隐蔽性消解了传统人际的"社会的藩篱"，教育者与受教育者的身份、年龄、性别等符号不复存在。没有人知道你是领导还是专家，是教师还是医生，是七十岁的老人，还是几岁的娃娃。总之，只要你不想让人知道，就没有人知道。在网络空间里没有权威，没有明星，没有富翁，没有乞丐，一句话，没有高低、长幼、贵贱之分，每个人的地位都是平等的。二是主客体的不确定性。换句话说，教育者和受教育者的身份是不一定的。在互联网迅速发展的情况下，传统的金字塔式的知识等级结构已经土崩瓦解。老一辈对后辈的启蒙正在不断地失去"市场"。在互联网上，成年人的反应往往比青少年迟钝，很多大学教授不会使用计算机，因而堵塞了通过互联网获取知识与信息的渠道。相反，青少年在网上却轻车熟路，来去自如，通过互联网获取大量的知识和信息。很多时候，青少年反而成了成年人的电脑启蒙者。

（二）教育环境的开放包容性

网络的开放性以及社会主义的本质决定了网络思想政治教育环境的开放包容性。创新被充分提倡，只要是符合社会主义本质、有助于社会主义现代化建设的思想都可以成为网络思想政治教育的重要内容。学生除了在课堂上接受网络思想政治教育外，课下、课后以及生活中的时时处处都可以利用网络获取自己需要的信息，高校加强校园网络及相关硬件设施建设，这都令大学生网络思想政治教育途径得以无限扩展，整个大学生网络思想政治教育呈现出异常活跃的氛围。教师团队中允许有不同的声音，通过客观看待教育教学过程中的矛盾，努力改进工作方法，最终的目的就是为了从根本上解决矛盾，丰富大学生网络思想政治教育的理论体系以及实践经验。高校利用网络开展德育工作过程中的经验教训都成为高等教育领域的宝贵财富，使网络技术和人才的整合与开发真正促进了国家综合国力的增强。这令大学生网络思想政治教育环境实现了前所未有的和谐，是我国构建和谐社会的重要组成部分。

（三）教育信息的开放性和丰富性

网络思想政治教育信息的开放性是由网络的开放性决定的。网络采用一种网状互联式结构，实行全通道型的信息交流方式。这种交流方式保证网上每一个节点都经由许多条路径和另一个节点相连，而任何一个节点又都可以在自身的基础上不断向外扩充，从而实现了点点是中心，而又没有一个绝对的中心。网络的这种无限拓展特性使网络思想政治教育信息具有无限的开放性。这里的开放性主要就是指大学生网络思想政治教育内容、教育方法、手段、主客体相互关系、教育资料、教育时空和教育思维训练的开放性。

在网络时代，学生通过网络可获得比以往更丰富的信息，扩大环境，了解社会动态和科技状况，加深和扩展对所学知识的理解，这有利于解决现代社会经济、政治、文化迅速发展与思想政治理论课教材内容相对滞后的矛盾。而且，党和国家的方针、政策、要求等信息的传播已经不再像过去那样需要经过一段时间的逐层逐级的传达，而是由一点同时向各层面多方面辐射，接受者不受时空限制，无论是领导者还是被领导者，教育者还是被教育者，都可以同时收到来自上级直至中央的完全相同的网络思想政治教育信息。

但不可否认的是，网络在给大学生思想政治教育工作带来极大便利的同时，也产生了一些负面影响。面对这些情况，如何在网络化时代中培养大学生树立坚定的世界观、人生观和价值观，是大学生思想政治教育工作者面临的重大课题。

三、用好新时期网络思想政治教育的新手段

（一）加强技术创新，提高对网络思想政治工作宏观环境的安全防范能力

互联网上这种宏观的大环境是指整个网络世界，具体就是指因特网技术平台所构建的整个网络信息体系。这是大学生网络思想政治教育的不可控部分。因此首先就要提高警惕性，加强网络防御能力。通过不断提高信息科学和网络技术的理论知识和方法，建立健全互联网信息内容安全管理机构，配备必要的技术人员，采取技术措施，增强屏蔽能力，提高对网上反动信息、淫秽信息、有害电子邮件等各种有害信息的检测、监控和封堵能力。网络宏观环境的不可控性，要求我们必须在教育实践中驾驭网络技术，实现对网络信息传播和网络群体发展的有效主导，使之成为服务于青年学生健康成长的积极力量，这是当前网络思想政治教育工作的紧迫任务。

（二）创设良好的校园网络文化环境

在网上搭建活动平台，以丰富多彩、健康向上的校园文化活动为抓手，推动形成厚重的校园文化积淀和清新的校园文明风尚，使学生在校园网络中接受熏陶和文明风尚的感染。要注重大学自身文化精神特色的传承，大学精神是经过所在大学一代代学人的努力，长期积淀而成的共同的稳定的追求、理想和信念。它是大学生命力的源泉，是大学文化的精髓和核心所在，对大学生有着重要的思想导向作用。如校史具有代表性的和特殊意义的物、事、人，既是校园文化积淀发展的结晶，又是德育的重要载体，它们共同承载了学校的理念和辉煌，具有极高的文化内涵和历史背景。这些比简单的说教更容易被认同。注重网络上大学文化精神园区的建设，作好学校标志性载体的网络化，通过网络平台介绍给学生，可以使校园网络产生亲和力和向心力，也可以起到良好的导向作用。

（三）推进网络法制进程，建设有序的网络教育环境

互联网对人们的影响力日益增强，被誉为网络信息时代的虚拟社会。在这个虚拟世界中，除了有人们所需要的学习、工作、生活资讯外，还充斥着大量的有关网络犯罪、赌博、色情等方面的垃圾信息，这些垃圾信息对人们的思想和心理会造成一定的负面影响。因此，要加强互联网使用和管理立法，推进网络法治进程，以法律的强制力来约束人们的网络行为，保留网络环境中的积极因素，剔除网络环境中的消极因素，净化教育环境，以更有效地开展网络思想政治教育工作。为了优化网络教育环境，实现网络思想政治教育的可持续发展，国家有关部门应该完善网络立法体系，有针对性地制定具体的网络规章制度，提高执法能力，加大执法力度，推进网络法治进程，净化网络空间，建设有序的网络教育环境。

第六章　大学生思想政治教育机制完善

面对当前社会的新形势、新问题，为提高高校办学水平，加强高校社会主义精神文明建设，满足社会对德、智、体、美全面发展的人才的需要，我们必须尽快加强大学生思想政治教育管理。

第一节　探索大学生思想政治教育的有效运行机制

研究大学生思想政治教育的运行机制，可以帮助我们更好地制定大学生思想政治教育的政策框架，以便我们选择适当的宏观调控措施，以推动我国大学生思想政治教育事业的健康发展。

一、大学生思想政治教育运行机制内涵

（一）大学生思想政治教育运行机制的含义

大学生思想政治教育的运行机制是指大学生思想政治教育系统的各个构成要素之间，以及与其运行密切相关的社会其他因素之间相互联系和相互作用的工作方式。这种工作方式影响着大学生思想政治教育系统各构成要素的结构及其功能的发挥。随着我国社会经济体制改革的不断深入，大学生思想政治教育的运行机制也不断进行自我创新，逐步与社会主义市场经济相适应。

（二）大学生思想政治教育运行机制的内容

1．主体运行机制

主体运行机制是大学生思想政治教育运行机制的核心，主要包括理论"传送"机制、学习与选择机制、接受机制、实践与自省机制、信息反馈机制五大模块。

2．保障性的运行机制

保障性的运行机制是大学生思想政治教育工作的保障，主要包括社会和校内

两方面内容，具体说来就是社会动力机制、保障机制和激励机制以及校内保障机制、传统民族文明的继承与发展机制、世界文明的借鉴与选择机制这六部分。

3．评价性的运行机制

评价性的运行机制是大学生思想政治教育工作的监督系统，主要由社会评价机制和学校评价机制组成。

（三）大学生思想政治教育运行机制的特点

大学生思想政治教育运行机制有如下特点：

（1）系统性。大学生思想政治教育运行机制是基于系统理论构建而成的有效的机制体系。

（2）整体性。大学生思想政治教育运行机制是一个由大学生思想政治教育各环节运行机制所构成的整体体系。

（3）一致性。作为机制体系的一部分，大学生思想政治教育各运行机制在总的目标上是一致的。

（4）动态性。大学生思想政治教育各运行机制会随形势的变化而不断地改进与完善。

（5）互补性。大学生思想政治教育运行机制的各环节在功能上是互补的。

（6）长效性。大学生思想政治教育运行机制在构建后具有一定的稳定性和长久性，能形成相对的长效机制。

（四）大学生思想政治教育运行机制的功能

大学生思想政治教育运行机制具有重要功能，主要表现为：

（1）整合功能。大学生思想政治教育运行机制可以将各种教育资源有效整合在一起，充分调动各有关方面的积极性，形成合力，从而取得最佳的教育效果。

（2）支撑功能。大学生思想政治教育运行机制是高校教育子系统的机制，支撑着大学生思想政治教育的大局，也支撑着整个高校教育机制体系。

（3）保障功能。大学生思想政治教育运行机制是大学生思想政治教育各要素功能能够正常发挥的保障，是大学生思想政治教育得以有效有序进行的保障，是实现大学生思想政治教育目标的保障。

二、大学生思想政治教育主要运行机制

（一）领导机制

大学生思想政治教育的组织领导直接关系到思想政治教育目标和任务的实现，关系到学校各项思想政治教育活动的统筹和协调以及各项资源整合力量的发挥，它对于大学生思想政治教育的开展、实施、改进起着统帅作用。

1．发挥党的政治和组织优势

中国共产党历来高度重视大学生思想政治教育工作，高校党组织肩负着大学生思想政治教育工作的重要职责。

（1）坚持党组织的核心地位。党的领导是大学生思想政治教育工作的核心保证，坚持党委的统一领导，首先必须明确党委的领导职责。党委的统一领导并不是事无巨细均由党委过问，党委领导主要是政治方向领导、决策领导、协调和监督领导。党委要贯彻落实中央和有关部门关于大学生思想政治教育的文件精神，领导学校思想政治教育目标的制定、计划的安排，负责思想政治教育方面的重大决策、机构设置，统筹协调各部门的思想政治教育工作，整合学校思想政治教育资源的力量，形成思想政治教育合力，通过联席会议、听取报告、学生反馈、相关评估等渠道掌握学校思想政治教育情况并进行监督；坚持党委的统一领导，必须确立党委书记的责任。党委领导是集体领导，对思想政治工作集体负责，每个党委成员都是思想政治工作的责任人。在党委班子中，党委书记是班长，对党委决策具有重要的影响作用，在党委集体负责人中自然是第一责任人，一所高校能否在党委领导下真正将思想政治教育搞上去，关键在一把手是否重视。

（2）加强高校大学生党建工作。进入 21 世纪以来，大学生党建工作的思想政治教育功能进一步强化。大学生党建工作在实践中不断创新。

第一，严格大学生党员发展程序。

大学生党员的发展应从严格把握党员标准的基础上，严格遵从党员发展的程

序，坚持政治审查、集中培训、发展对象公示、党组织集体讨论表决等程序，把符合条件的优秀大学生吸收到党的队伍中来。各院、系在初步确定发展对象后，把相关资料报到学校，学校组织部门在审查后，把发展对象的基本情况进行整理、汇总，然后召集学生处、团委等进行联合会审，严格筛选，共同把关，保证新党员的质量。对发展对象进行系统、严格的培训，把培训表现作为考察、审批的重要内容。通过不同形式的培训，进一步提升发展对象的党的理论知识水平，强化党性修养，促使其在日后的工作、生活中自觉地按照党员的标准要求自己，达到教育、培养发展对象的目的。在发展对象通过会审初步确定后，学校组织部门要组织具有丰富经验的党务工作者组成考察组，直接到学生和老师中听取对该学生的意见，全面了解每个发展对象的情况。定期召开学生党员发展工作例会，及时研究处理发展党员工作中的有关问题，严格审查发展对象。对具备条件的，要及时研究并报党委审批；对不符合条件的，宁缺毋滥，坚决不予审批，但要说明理由，做好解释工作。

第二，加强大学生党组织的思想建设。

思想建设是学生党组织建设的首要任务。学生党组织建设工作者应适应不断发展的形势，针对高校实际，特别是学生思想实际，以切实有效的措施，抓好思想建设工作。

其一，构建学习教育体系的多样化。在组织大学生思想政治理论学习的时候，一方面要抓好传统的学习方式，比如上党课、举办培训班、举行报告会和组织专题讨论等形式，有计划地组织好党团员的集体学习，积极倡导党团员自主学习；另一方面要注意当代大学生学习需求的多样性，采取举行活动的形式，寓教于乐，进行学习。总之要建立健全学习的方式方法，建立系统的述学、评学和督学制度，由党组织对党团员理论学习情况做出评价，给党团员学习做出有益的反馈。

其二，改组学生组织建设，强化学生组织教育功能。学生党团组织，是高校党团组织的最基本单元，是学生组织生活主要场所。学生党团员对党的信念还不坚定，要加强学习型党支部建设，对学生党团员进行经常性教育，把社会主义核心价值体系融入党团员教育的全过程。针对学生党团员的特点，改进和创新党支部的工作和活动方式，创新教育活动方式，增强活动的教育效果，使党组织的教育活动既严肃认真又生动活泼，贴近学生党团员的思想、学习和生活实际，成为学生党团员喜闻乐见的活动方式。

2. 发挥共青团的重要作用

（1）坚持改革创新。团的建设必须坚持改革创新精神。在新的形势下，共青团的自身建设面临着前所未有的一些问题。只有始终坚持党建带团建的根本原则，以改革创新的精神加以研究和解决，才能使团的建设适应新的要求。当前共青团事业正处在一个新的历史高度上，共青团工作要在工作思路上进行观念创新，在工作方式上进行方法创新，在自身建设上进行体制创新，推动共青团工作不断焕发出蓬勃的生机和活力。观念创新就是要在学习继承和坚持马克思唯物主义认识论优良传统的基础上，用新观念、新思维来观察、认识新情况，并努力学习借鉴先进的社会组织理论和管理经验，结合当前的形势，对团委工作实现认识上实现新的突破。

（2）密切联系学生，发挥团组织的作用。大学生是高校共青团赖以生存和发展的社会根源。大学生不仅在组织上是共青团的后备力量，更重要的是大学生的需要和理想构成了共青团工作的主要内容和主要依据。共青团的社会职能，只有在与广大在校大学生的密切接触中才有实现的可能。衡量团的社会价值的标准之一，是看它能否代表大学生最重要的利益，对学生发展和引导有多大的作用，在学生中有多大的影响力。中国共产党的根本宗旨是为人民群众服务，把科学发展观和社会主义核心价值观落实到高校团建中去，就是要为广大在校大学生服务。因此，在引领学生、服务学生中发挥团组织的先进作用，是团委建设目标的重要内容。

（3）加强团委思想建设。团委思想建设的基本形式是坚持开展团的组织生活。团的组织生活是团组织对团员进行自我教育的主要形式，一般是指团的支部大会、团小组会，以及团的基层组织面向大学生开展的以思想政治教育为主要内容的各种活动等。

<u>新媒体视野下大学生思政教育创新探索</u>

思想建设的重点不仅仅要存在于现实之中，还要在网络上开展。网络是大学生交流的一个重要平台，因此网络社区也要成为开展团员青年思想教育的载体和阵地。积极建设大学生思想教育网站，占领网上思想教育的阵地，加强网站的服务力度，增强团组织思想教育的吸引力，通过学习、就业、交友、心理咨询、法律援助等大学生感兴趣的、能切实为大学生服务的形式建设网站。

活动是团的基层组织较为经常采用的一种组织生活形式，共青团组织已经积累了丰富的活动经验，并有待继续深化。团的组织生活采用活动形式不仅能开阔大学生的视野，增长知识才干，而且能够使团的组织经常保持旺盛的生机与活力。在团的工作逐步向社会化拓展的形势下，要认真研究和探讨如何使活动更适合团员和青年特点，坚持思想性、知识性和趣味性的有机结合。同时，要注意调动大学生的主观能动性，使他们的积极性得到充分发挥。在活动中有意识地进行自我教育、自我提高。开展团的组织生活必须坚持改革，从团的性质和大学生特点出发，注意朝着组织生活内容的针对性、形式的多样性和制度的灵活性方向发展。要针对不同层次团员青年的不同特点，设计开展以弘扬社会公德、职业道德，倡导文明健康、科学方式为目的的大学生志愿者、青年文明号、希望工程、手拉手等大学生喜闻乐见的实践活动，使广大团员青年在具体的活动中践行良好道德规范，受到教育，陶冶情操，提高素质。

（二）制度管理机制

制度是规范化、定型化了的行为方式与交往关系的体现，是管束、支配、调节和统一个人行为的规则和程序，具有指引、导向、约束、激励和惩罚的作用。随着高校内部管理制度改革的推进和招生规模的不断扩大，高校后勤社会化、课程学分制、学业和就业压力增加等因素，给大学生管理工作带来了新的挑战，提出了新的要求。为此，建立和完善大学生制度管理机制，树立依法管理观念，健全管理制度体系，是实现大学生科学管理的重要保障。

1．加强法治建设

观念指导行为，是行为的先导。法治不但是一种治国方针和社会秩序，而且还是一种观念意识，一种把法作为社会最高权威的理念和文化。有效的管理必须依靠法治来保障，建立以人为本、民主、法治的法理环境是大学生实现有效管理的重要保障。

（1）尊重学生主体。国际 21 世纪教育委员会在向联合国教科文组织提交的《教育：财富蕴藏其中》的报告中指出"教育在社会发展和个人发展中起基础性作用"，"教育最重要的目标是使每个人发展自己的才能和创造潜力"[①]。尊重学生主体地位，发展学生个性特长，是现代大学最重要的办学理念之一，这要求高校及其管理者做到：以人为本，认同学生的主体地位；强调服务，满足学生的个性需要；讲求宽容，为学生发展提供宽松环境。高校学生工作管理者在制定学生制度、确定任务和思考问题时，都应当紧紧围绕"培养人才、服务学生"这一主题，使管理中的各个细节都能体现出一切为学生成才服务的目标。尊重学生主体地位、促进学生主动发展的观念，就是要把学生作为教育的主体，尊重学生的主体意识，突出主体性教育，倡导和发挥学生自我教育的主动性、积极性和创造性，使学生真正成为学习的主人。在高校学生管理工作中，要以学生为本，积极引导学生形成正确的价值观和人生观，要加强对大学生内在心理和成长规律的研究，要关心学生、了解学生、沟通学生、理解学生、诚待学生、尊重学生，实行民主管理，给予学生更多的个性成长空间和自主选择权利。

（2）完善立法体系。高校学生管理工作法治化是高校依照国家法律的规定对在校大学生的学习、生活、社会活动等各个方面实现全方位指导、教育、服务和管理的学生管理工作模式。[②]学生管理立法涉及的内容是全方位的，需要建立一套完整的体系，包括宪法的有关规定、基本法、单行法、行政法规、地方法规和规章制度六个层次。近年来，虽然我国的教育立法体系得到快速发展，形成了初步的体系，但仍然不够完善，仅有教师法和未成年人保护法两部教育主体的法律，还没有以学生为主体的专门法律。同时，一些法律不能适应新形势的要求，缺乏

[①] 联合国教科文组织国际教育发展委员会. 教育——财富蕴藏其中[M]. 北京：教育科学出版社，2000：68.

[②] 闫伟. 高校学生管理工作法制化[J]. 山东省青年管理干部学院学报，2005（2）：96-97.

时代感和针对性。虽然 2005 年 3 月教育部颁布了修订后的《普通高等学校学生管理规定》和《高等学校学生行为准则》，但相关配套政策还亟待加强，还需要教育行政主管部门尽快完善立法体系。

2. 健全管理体系

管理制度主要涉及学生的生活、学习和行为规范以及各种专项管理制度，主要有行为准则、文明公约、生活学习管理制度、学籍管理办法、评价措施、奖惩规定和资助管理条例等。完善的学生管理制度既为学生管理提供了依据，也为学生管理指明了方向，做到人人有规可依、事事有章可循，有助于提高大学生管理工作的规范性和公信力，且制度得到学生认可后，学生能够自觉自愿遵守，合理地调整自己的言行，使个人的发展符合学校教育管理的要求。

（1）管理制度特点。制度的最大特点就是规范性、权威性、指导性和稳定性。大学生管理制度，是师生共同认定的价值追求和遵守的行为准则，体现法治的精神和教育的标准，其制定过程及其本身具有严谨科学、表述准确到位的特点。规范性，是指制度规定了学生的行为标准和模式，其行为是有拘束的、有节制的；权威性，是指在规章制度范围内，人人都必须遵守，任何人不得置身于制度之外，这是制度发挥行为约束力的关键；指导性，是指制度能使学生预见个人或他人的行为后果，并选择自身的行为模式，它有引导学生向良性发展的作用；稳定性，是指规章制度一旦制定，不能朝令夕改，要保持其相对稳定性，这是保证制度严肃性和权威性的关键。高校在大学生管理制度体系的构建中，必须认识和适应制度的这些特点。

（2）基本制定原则。学生管理制度的建立既不能脱离管理对象的现实状况，也不能离开学生的历史境遇。诚然，制度来自高校学生管理的实践，但又对高校学生管理带有指导作用。在大学生管理制度的制定和设计过程中必须遵循一些基本原则。

一是把握办学方向和人本原则。要坚持社会主义的办学方向，激发大学生勇担民族复兴、祖国富强的历史责任，同时，又要从大学生的实际出发，做到以人为本，尊重学生的人格和个性差异，给予他们鼓励和信任。

二是树立制度导向和明确标准。要明确大学生的行为准则，让他们清楚自身享有的权利、承担的义务，应该做什么而不能做什么，强化对自己行为负责任的认识，要引导大学生朝着上进的方向发展。

三是坚持激励和约束有机结合。在制度的设计中，要把"激励为主、处罚为辅"的原则贯穿始终，设定科学合理的激励目标和机制，鼓励大学生积极进取、奋发图强。

四是体现公平民主的原则。大学管理制度的设计应当做到权责分配科学，让学生和教师都参与到制度的建设中来，提高制度的适用认可度。

（3）形成完整体系。高校学生管理的规章制度在发挥建立和维护学校的正常秩序、提高管理效率、完成各项教育活动等方面起着十分重要的作用。依法对大学生实行教育和管理，必须建立科学、规范、完整的学生工作规章制度体系。

大学生管理工作是一项系统工程，包括大学生日常管理、新生入学教育、教学实践环节、就业指导、毕业论文设计、宿舍管理、奖惩评估、日常行为规范等，这对学生管理部门提出了很高的要求。如《学生手册》《学生违纪处分条例》《学生综合测评办法》《学生早操管理办法》《学生课堂出勤管理办法》《学生内务文明卫生制度》《学生宿舍安全保卫制度》等，这些规章制度不但要制定得科学合理，而且还要形成一套完整的管理体系，各个制度之间既有高度的独立性，又相互支撑，互相补充，共同构建学生管理制度体系。再者，高校学生管理制度的规范系统，不但应当涉及学生主体行为的各个方面，还要包括管理部门与人员主体。比如，学生专职管理队伍的资格聘任制度、培训考核制度、监督晋升制度、工作薪酬制度；学生参与学校管理的知情权、建议权和参与决策等方面的制度等。只有把制度覆盖到学生管理的各个方面，才能形成完整的学生管理工作规范体系。

3．落实管理制度

当前，高等教育迅猛发展，学生规模日益扩大，学生的世界观、人生观、价

新媒体视野下大学生思政教育创新探索

值观日趋多元化，各项教育改革纷至沓来，大学生管理工作的难度加大。所以，在制定了科学的学生管理制度、形成了完备的学生管理体系后，制度的落实就成为最重要的问题，它直接关系并最终决定了大学生管理的效果。在实施大学生管理制度过程中，要注意以下三个方面的内容。

（1）维护合法权利。大学生不但享有公民的基本权利，而且作为受教育者，又享有法律法规规定的特殊权利。作为学生，他们不仅是学校管理的对象，同时也是学校管理的主体之一。学生不但有义务服从学校的教育教学管理，同时也可以对学校的各项工作提出意见和要求。因为，作为管理对象，他们对学校的管理服务质量、服务水平、管理能力和工作情况都有一个最真实、最深切的感受和体验。高校管理部门和管理工作人员要时常倾听他们的心声，更好地了解学生的需求和愿望，不断改进管理制度，提升管理工作的整体质量。对于学生的合理建议，更应引起高度的重视。为此，学校要建立学生快速反馈机制，畅通信息渠道，及时处理问题。例如，可以通过学代会、学生代表、校领导信箱、部门接待日、校内论坛等形式，为大学生提供一个反映意见、参与学校管理的平台，推进学校管理民主化，切实维护大学生合法权益，提高管理工作的层次水平。

（2）明确法定义务。权利与义务具有对等性，在享受了某种权利的同时必须承担相对应的义务。一方面，大学生维护自身利益的意识越来越强，他们勇于向学校主张自己的权利，甚至运用法律手段来维护自身权益，这是应当肯定的。但另一方面，有的大学生对于必须要履行的义务却担当不够。因此，对于学生，高校在给予权利保障的同时，还应让他们充分地认识到自己所要承担的责任和义务，增强他们的法制观念，引导他们自觉遵守法律法规，端正个人行为，履行学生应尽的义务。

在大学生管理工作中，就要求学生工作者具有"以人为本、和谐发展"和"全面育人"的工作理念。在坚持以"公平、公正、公开"的原则开展日常管理工作的同时，也应根据形势需要，经常举办各种既蕴涵严肃的政治内容、又洋溢着优秀文化传统与风情的校园文化活动，营造平等团结的良好氛围。

（3）管理教育结合。坚持教育与管理相结合，就是通过建立健全各种规章制度，规范学生的行为，把学校所提倡的各种思想观念、道德标准融于各项管理工作之中，渗透到学生的工作、学习和生活之中。将思想引导与行为规范相结合，通过管理育人，使思想政治教育由虚变实，由软变硬，将自律与他律统一于人们的实践活动之中，这是新时期思想政治教育的一个重要发展。要培养高尚的思想道德，形成良好的社会风尚，解决人们的思想认识问题，仅仅靠思想教育是不行的。因此，要注重教育与管理相结合，使思想政治教育与严格管理相互作用，相互补充，形成自律与他律、内在约束与外在约束结合的机制。大学生是青年的特殊群体，对他们的思想政治教育必须依据不同的内容来确定与之相适应的方式、方法，教育要照顾他们的特点，贴近他们的生活，应灵活运用他们易于接受的方式方法，如心理咨询、典型教育、经济救助、帮扶教育等，以适应他们的需要。大学生思想品德的形成和发展，不是经过一两次教育就能实现的，往往需要经过多次教育、认识和实践的反复。大学生思想品德形成过程中，经常受到外界干扰和影响，再加上自身心理品质不稳定，可能出现思想行为上的反复，有时，甚至会向完全相反的方向发展。针对大学生思想行为上的反复性，对大学生的思想政治教育应有针对性地实施教育过程的反复。

（三）评估机制

大学生思想政治教育工作评估就是教育主管部门或高校根据大学生思想政治政治教育工作的目标、要求以及大学生的思想实际，确立指标体系，运用测量和统计等先进方法，对大学生思想政治教育工作的保障机制、实施过程及实际效果等进行价值判断的过程。

1．评估机制的类型

为达成评估目的，可以从不同角度和按不同标准对大学生思想政治教育工作进行评估。评估的类型不同，评估所产生的作用也会有所不同，但评估的类型必须服从评估目的。基于目前对大学生思想政治教育工作的评估现状，可以依据一定的标准划分为以下类型。

（1）宏观评估和微观评估。依据评估对象的不同可以分为宏观评估和微观评估。宏观评估是以全国、某个地区或一所大学为对象，评估其大学生思想政治教育工作的整体效应。微观评估是以一所大学的某一单位、某一个人或某一特定教育活动为对象所进行的评估。宏观评估的目的是获得关于大学生思想政治教育工作的整体、概括性的认识；微观评估的目的是获得关于大学生思想政治教育工作效果的具体的、个别的认识。

（2）动态评估和静态评估。依据大学生思想政治教育工作状态的不同，可以分为动态评估和静态评估。前者是对大学生思想政治教育的过程和大学生的思想政治素质变化的状况所进行的评估，后者是对大学生思想政治教育工作已经取得的成效和大学生思想政治素质已经达到的水平所进行的评估。

大学生思想政治教育工作是一个不断发展的实践过程，其效果的体现也是一个动态的过程，因而，应对大学生思想政治教育工作进行动态的评估。但大学生思想政治教育工作也有相对静止的一面。大学生思想政治教育工作的静态评估，就是以大学生思想政治教育工作相对静止状态为依据所进行的评估。动态评估和静态评估不可偏废，应当结合进行，只有这样才能真正把握大学生思想政治教育工作的规律性，符合评估科学性的要求。

（3）单项评估和综合评估。依据大学生思想政治教育工作评估内容的不同，可以分为单项评估和综合评估。单项评估是对大学生思想政治教育活动的某一个方面、某一项指标或某一个环节所进行的评估。单项评估是综合评估的基础，它的准确性影响综合评估的准确性。综合评估是从整体上对大学生思想政治教育工作所进行的评估，包括对大学生思想政治教育工作的主体、内容、过程及效果所进行的综合考评。

（4）失误性评估和成功性评估。依据大学生思想政治教育工作后果的不同，可以分为失误性评估和成功性评估。大学生思想政治教育工作的后果大致可以分为两个方面：一是失误（或失效）的后果，一是成功的后果。失误性评估重在查找问题、分析失误（或失效）的原因，目的在于从失误（或失效）中吸取教训，从失误中探索大学生思想政治教育工作的规律与正确的方法。成功性评估是对大学生思想政治教育活动中取得成绩与成功经验所进行的评估，目的在于从成功中总结经验，探索大学生思想政治教育工作的规律，推广先进经验。

另外，还可以依一定标准分为定期评估与不定期评估，事先评估、中间评估、事后评估，要素评估、过程评估、效果评估，实地评估与通讯评估，诊断性评估、形成性评估和总结性评估，绝对评估、相对评估等。

2．评估指标设计

（1）高校自评与组织考评相结合。大学生思想政治教育工作评估，应该采取"高校自评"与"组织考评"相结合进行。高校对照评估标准和指标体系进行体系建设和自我评估，并逐项列出评分理由。高校自评应该结合实际，组成自评小组，分不同部分，针对不同内容开展考评，形成自评报告。自评报告的内容必须包括现状描述、工作实绩和努力方向。组织考评主要是指由校外专家进入高校，做必要的实地考察、提取报告、档案查证、数据核实和学生座谈等，然后根据自评报告和实地考核情况，逐项进行审核评估。各项评估和测评结果均直接纳入大学生思想政治教育最终综合评估成绩。

（2）征求意见与组织审定相结合。评估体系涉及高校教育管理各方面，与高校自身建设和发展密切相关。因此，在开展组织评估的时候，评估者应当广泛听取被评估的高校领导、教育工作者和学生以及不同方面的意见，不应当主观臆测，贸然下结论，对提出的意见要认真研究，注重评估的民主化和公正透明，既要如实反映现状，又要确保评估质量，从实际出发，力求观点明确、依据可靠、佐证有力。在听取意见的基础上，还必须以审慎的态度做好组织审定工作，控制好测评中可能存在的误差，保证综合评估的效度和可信度。

（3）等级认定与通报表彰相结合。评估指标体系从评估结果上看，可分为"好、良好、合格、不合格"等类别和等次，在依次级差之间设计出相应的量化分值区间，便于评估体系的实际操作与运用，并反映高校、教师、学生、教育部门和教育过程的总体状况。评估等级之间的比例要有总体控制。评估结果要给予运用，达成评估实效。评选结果作为今后评估高校育人质量，评奖评优的依据之一。同时，对于不合格的高校要给以一定的行政处理和提出有效的整改措施，必要时进行公布曝光，并取消其有关资质。

总之，评估只是手段，并不是目的，考核评估的最终目的是进一步加强和改进大学生思想政治教育工作。

第二节　发挥大学生思想政治教育的竞争激励机制

大学生思想政治教育竞争激励机制是推进大学生优良道德品质形成的重要动力，发挥新时期大学生思想政治教育的竞争激励机制，有助于大学生思想政治教育实效性的提高，也是大学生思想政治教育长效性的保证。

一、发挥新时期大学生思想政治教育的竞争激励机制的总体思路

竞争激励机制包括竞争和激励两种机制，在大学生思想政治教育竞争激励机制的问题上，首先需要明确竞争激励机制的总体思路。

（一）构建竞争激励机制的目的是促进社会的可持续性发展和大学生的全面发展

对于"哪些行为和成果是予以肯定，需要奖励的""哪些行为和成果是予以否定，需要惩罚的"，都必须有统一的认识，必须从全局高度和长远利益考虑，从社会与个人互动的过程进行考虑。如果思想政治教育竞争激励机制依据混乱，或者学校、社会和家庭中的竞争激励标准相悖，就会使大学生在学校、社会中的言行举止前后矛盾，相互脱节，这样就会使我们的思想政治教育误入歧途。因此必须从战略和全局的高度上总结这个问题，正视这个问题。从心理学上讲，大学生思想政治教育的竞争激励机制是为了调动教育主客体的积极性、主动性，发挥主体的潜能。结合我国的具体实践，就是要站在社会可持续发展和大学生个体全面发展的高度上，在社会与个人的和谐共存中，使竞争激励机制有章可循。

（二）竞争激励机制要"以人为本"，重点在于激励

竞争激励机制中主要是激励机制，奖励抑或惩罚，其目的不在于对主体的

约束，而在于对主体的激励。激励是思想政治教育活动的一种重要方式，与思想政治教育的工作目标相一致，是一种激发人的行为动机、维持和提高人的动机水平并使其朝着预定的目标持续努力的管理措施和教育手段。激励原则是思想政治教育的基本原则。思想政治教育的对象和主体都是学生，思想政治教育就是做人的工作，做人的工作关键是增强吸引力和有效性，从而发掘和调动人的积极性。通过竞争激励机制，可以起到激励先进、鞭策后进、督促中间的作用。其内蕴的教育方法是"疏导式"，而不是"填鸭式"或"灌输式"。大学生思想政治教育竞争激励机制的重要作用在于激发教育主体的潜能，并以此引导他们树立科学的世界观。

（三）科学的评价机制直接制约大学生思想政治教育竞争激励机制的实效性

对大学生思想政治教育的评价是否科学、合理将直接影响竞争激励机制的实效。对高校思想政治教育工作的正确考核、评估，对思想政治教育队伍的科学考核、评价，对思想政治教育主体——学生的科学评价机制都要通过一定的竞争激励机制手段，直接影响着高校、教师和学生的切身利益。反之，陈旧的评价观念、单一的评价内容、简单的评价方法和单向的评价主体都会制约科学竞争激励机制的形成。科学评价机制与竞争激励机制相辅相成，和谐共生，才能为社会的可持续发展和大学生个体的全面发展提供保障。

（四）社会合力和有利的社会环境是确保竞争激励机制长效性的关键

要保障大学生思想政治教育竞争激励机制的长效性，仅仅强调思想政治教育队伍和学生本身的权责是远远不够的。按照马克思的观点，人的本质是一切社会关系的总和，是社会全部的经济关系、政治关系和文化关系的具体体现，这也就决定了大学生思想政治教育竞争激励机制的实效性和长效性需要在社会实践中得以加强和保障，汇集社会各方面的合力、营造良好的社会氛围是确保大学生思想政治教育竞争激励机制长效性的关键。

二、大学生思想政治教育竞争机制

（一）竞争与竞争机制的含义

竞争是人类社会普遍存在的一种现象。社会的竞争是个体或群体为满足自身需要而与其他个体或群体展开的比较与竞赛并力求取得有利地位的倾向。具体到学生个体的竞争行为，竞争机制指在高校学生之间由相互竞争而引起的关联和制约关系，并通过学校内在构成要素的调节以适应外部环境变化，从而求得生存发展的活动机能。

（二）大学生思想政治教育竞争机制的作用

马克思主义认为，凡是有共同劳动的地方，就可以出现个人的竞争。亚当·斯密的经济学竞争理论也告诉我们，竞争不是无恶不作的魔鬼，相反有很多积极的作用。竞争是调动一切潜能的动力。原因在于竞争是公正的评判人，竞争使得外在的压力转化为内在的动力，通过利益调整激发活力。所以，我们应该认识到竞争不仅是一种客观存在，还是一种动力。

1．有利于调动学生的学习积极性和进取心

在激烈的竞争条件下，学生对成功的渴望会更为强烈，对学习将会表现出更加浓厚的兴趣，克服困难的意志更加坚定，争优取胜的信念也更加坚强。学生受到竞争目标的鼓舞，会有获胜的强烈愿望，这种心理状态正是影响学习效果的决定因素之一。处在这种心态下，学生往往观察力敏锐，思维活跃，眼界开阔，精力充沛，因而会大大提高学习效率，调动学习积极性，振奋进取精神。

2．有利于促进学生的自我教育与自我管理

由于竞争目标明确具体，又有阶段性竞争结果的公布，学生明白自己在竞争群体中所处的位置，以及自身的优势和劣势，从而不断调整个人的竞争计划，规范自己的思想与行为。同时在团体竞争中，团体的优胜可以使每一个个体受到鼓舞，增强团体凝聚力。

3．有利于对竞争实施有效的调节和指导

在竞争机制中，教育者可以从繁杂的事务性工作中超脱出来，站在一个更高

的层次对竞争实施有效的调节和指导。同时，通过深入细致的思想政治教育，对每个学生进行具体分析，帮助学生在竞争中正确评价自己。

4．有利于形成高效的管理体制

竞争机制可以使管理的形式保持长时间的相对稳定，便于形成高效的管理体制。而且由于培养目标的相对稳定，竞争目标系列也可以相对稳定。如果需要适应不断变化的新情况，只需在目标系列的具体内容上做适当的调整，就可避免在学生教育与管理中因方式变化而使学生无所适从，促进了学生管理的制度化、科学化、规范化。

（三）大学生思想政治教育竞争机制的实施

在大学生思想政治教育竞争机制的实施时，民主公平是最重要的原则。它要求在教育与管理中让竞争主体拥有平等参与竞争的机会，在竞争过程中要有公平的竞争规则做保障，竞争结果要公开。

1．竞争目标要公开明确

学校培养学生都应当以有理想、有道德、有文化、有纪律为目标，使其成长为德才兼备的人才。这一培养目标，是学生奋发向上、努力成才的方向，也是衡量每个学生成长的尺度。为此，要把确立竞争目标、引入竞争机制和培养合格学生紧密地联系起来，为学生确立一个正确的竞争方向。

2．评优评奖细则的制定要严格

评优主要包括先进个人（三好学生、优秀学生干部、优秀团员、各类积极分子等）和先进集体（先进班集体、文明寝室、先进社团等），评奖主要包括各类竞赛奖项、各类奖助学金等。思想政治教育者应该按照目标要求，结合具体情况制定各种评优的细则。评优细则应事先公示并接受学生的反馈意见，而且写入《学生手册》。细则内容应根据形势的发展和要求的变化而不断补充和完善。

3．引导合理竞争

引导合理竞争是形成充满生机与活力的竞争局面的条件，也是思想政治教育者对竞争实施宏观调控的有效方法。具体可以从以下两个方面来入手：

一是个人评优与现实表现相结合。克服个人评优仅凭成绩优劣而不看现实表现的情况，从德、智、体、美四个方面加以评定；兼顾学生个体在某一个方面的特殊素质与特殊贡献，从而在竞争过程中体现出共性与个性的统一，有利于克服"智育硬指标，体育软指标，德育空指标，能力无指标"的倾向，形成一个公平竞争的良好局面。同时引进学生互评的机制，确保公平、公正。

二是集体评优与个体因素相结合。集体评优评奖要考虑个体因素，调动个体的积极性。可以把个人竞争成绩和团体竞争成绩紧密联系在一起，促进竞争与合作，扩大竞争规模。对在各种活动中取得优胜的班级、团支部、寝室、小组的奖励积分可分解到各成员之中。同样，对违反校纪校规，损害国家、学校、班级利益的个人或团体，也应视情节轻重，罚扣积分。从而使学生在活跃校园生活、遵守校纪校规等方面形成一种竞争局面，也形成团体内"竞中有帮，争中有助"的协调合作的竞争局面。

三、大学生思想政治教育激励机制

（一）激励与激励机制的含义

激励是管理学的一个重要概念，它作为管理的一项重要职能，是建立在满足个人某种期望的基础上的。激励就是引导人的动机，引发人的行为。按照心理学的原理，激励是强化需要的手段，管理者通过激发鼓励，可以最大限度地调动被激励者的主观能动性，发挥一个人的最大效能，从而更快更好地实现管理目标。激励机制就是指在组织系统中，激励主体运用多种激励手段与激励客体相互作用、相互制约的结构、方式、关系及演变规律的总和。

激励机制对客体的作用具有两种性质，即助长性和致弱性，也就是说，激励机制对客体具有助长作用和致弱作用。从形式上讲，激励机制分为外在激励和内在激励（或称自我激励）；按激励持续时间可分为长期激励和短期激励；按激励的类型来分可分为物质激励、精神激励和情感激励。众多的激励机制又可以分为两个方面：一方面是奖励激励机制，另一方面就是惩处激励机制。

（二）大学生思想政治教育激励机制的作用

激励机制一旦形成，它就会内在地作用于组织系统本身，使组织机能处于一定的状态，并进一步影响着组织的生存和发展。激励机制作为现代教育与管理的一种职能和手段，是高校思想政治教育中比较有效的一种方式，它可以最大限度地调动学生的主观能动性。实践表明，大学生的学习、生活状况如何，取决于学生自身努力和教师的激励。思想政治教育要重视激励的作用，利用各种激励方式激发大学生成才的积极性。

1．有利于挖掘学生的潜力、激发其创造性

从理论上说，需要产生动机。人的行为都是有目的的，都是受到某种引发和引导而产生的。因此人的活动实际上是"需求—动机—激励—行为"这一过程的周而复始。"激励"包括"自我激励"和"外因激励"两个方面。当人产生某种需求时，就会调动自身潜能，积极创造条件来实现这种需要。思想政治教育者要善于把握学生的真正需要、长远需要，并将满足学生需要的措施与实现组织目标有效地结合起来。科学研究表明，人是具有极大潜力的，但能否充分挖掘出来，则取决于激励机制是否有效。在激励因素的作用下，学生内在的潜能得到激发，个人和学校就充满生机，就会形成一股推动力。学校可以通过开展各种竞赛活动，激发学生的积极性，充分挖掘学生的潜能，培养学生的创新精神。

2．有利于激发学生的学习动力，形成良好学风

激励机制包含着竞争精神，它的合理运行能够创造出一种良性的竞争环境，进而形成良性的竞争机制。在具有竞争性的环境中，学生就会受到环境的压力，这种压力将转变为他们努力学习的动力。激励尤其是精神激励具有的教育性，能鼓励广大学生不断反省自己、鞭策自己，以正确的观念和积极进取的态度去努力实现学习目标。同时，通过激励机制，对学生符合学习目标的情感、意志和行为也会予以支持和强化，对不符合学习目标的意识、欲念和冲动则予以约束和弱化，从而增强组织的凝聚力，形成良好的学风。

3．有利于强化思想政治教育的效果

激励机制是对学生进行教育、实施管理的一种手段。既可以从正面来肯定学生思想、行动的积极因素，根据有关规章制度给予精神或物质上的奖励，以达到鼓励先进、发扬正气的目的；又可以针对学生思想、行为中的消极因素，根据不良行为的情节轻重和有关规章制度给予批评教育或一定的处罚，以达到明辨是非、纠正错误、促进转化的目的。

（三）大学生思想政治教育奖惩机制的强化

大学生思想政治教育奖惩机制的强化要按照奖优惩劣原则，这是发挥思想政治教育作用的重要条件。激励机制的形成，要从以下问题入手。

1．制定奖惩规章制度

奖惩规章制度通常也叫"游戏规则"，是激励机制形成的基础。奖惩规章制度的制定必须科学、合理，标准明确，措施可行，易于操作。要做到这一点就要在制定制度的过程中，认真学习有关法律法规，以法律法规为准绳，同时要注意调查研究，善于听取各方面的意见，尤其是广大同学的真实想法。只有这样才能做到制度与措施合法、合理、合情，才有群众基础，才能充分发挥其激励功能。

2．考评材料档案化

对学生实施奖惩必须有根有据，学生的各项考评材料必须保存齐全，这是有效实施激励机制的依据。因此，在日常管理过程中，对每一个学生都要建立相应的档案，对其平时各方面的表现做好记载。只有这样，在实施奖惩机制时才能尽量减少主观偏差，增强客观性，做到有据可查，使学生口服心服。

3．奖惩结果公正化

奖惩结果的公正化是有效实施激励机制的要求。对学生实施奖惩要实事求是、标准统一、一视同仁、科学适度。只有坚持公正这一原则，才能维护奖惩工作的严肃性，真正发挥奖惩工作的激励教育作用。所以在进行奖惩的过程中，要多让普通同学参加日常的管理、检查、调查，使每一项政策性行为都能转化为广大同学的集体行为和集体意愿。

4．处理措施时效化

处理措施时效化，就是奖惩措施必须紧跟在行为发生之后进行，这是激励机制发挥作用、产生较好效果的保证。一旦时过境迁再进行处理，就会降低效果。所以奖惩结果公布之后，其处理措施也应相继落实，这样既教育了个体，也激励了整体，效果才会显著。

5．激励方式适当化

表扬的方式和范围要适当，表扬的面要适量，表扬学生要适度。批评要与人为善，对事不对人；语言上要尽量使学生感到你是在帮助他，而不是在批评他，要在批评中给学生以启发。要善于运用榜样激励机制，即通过发现、树立正面典型，用先进人物的优秀品德和模范行为感染和影响学生。榜样激励有多种方式，如评选优秀大学生、参加先进事迹报告会、学生党员示范活动等。要引导学生对照榜样进行分析，找出差距，明确方向，付诸行动。

6．信息反馈网络化

奖惩措施必然会在同学中产生一定的反响，反响意见中既有正面的，也有负面的；既有中肯的，也有偏激的。但有一点不能否认，那就是学生的意见总是有一定原因的。如果找不到学生意见的原因，思想政治教育就会缺乏针对性，失去主动性，甚至使同学产生抵触情绪。为此必须有一个完善的信息反馈网络：一方面，要让学生有提意见的地方，扩大信息来源；另一方面，要对有些意见进行适当引导，使学生了解全面情况。

第三节　完善大学生思想政治教育的自我管理机制

教育作为提高大学生思想政治水平的外在条件虽然不可缺少，但它毕竟不能代替学生的自主行为。要把教育的要求转化为学生内在的思想和德行规范，还要通过学生的认知、情感、意志的思维活动和自教自律的具体方式才能实现，即化他教为自教，也就是将大学生思想政治教育和管理转化为个人内在的信念、情感、意志和良心。

一、大学生思想政治教育的自我管理概述

（一）自我管理及大学生自我管理

管理学的基本理论认为，管理是人类生活中最基本和最重要的活动之一，是任何组织必然存在和不可或缺的活动，是保证组织有效运行的必要条件。所有组织，无论其性质如何，都只有在管理者对其加以有效管理的条件下，才能按照所要求的方向行进。我们认为，不仅社会组织存在管理的问题，作为个体的人，也有自我的管理问题存在。个体同样具有对自身进行有效管理的一系列问题需要加以思考和解决。这种个体对自身的管理，我们称之为自我管理。所谓自我管理，就是指个体对自己本身，包括自己的目标、思想、心理和行为等表现进行的管理，其主要特征是自己把自己组织起来，自己管理自己，自己约束自己，自己激励自己。自己既是管理的主体，又是管理的客体。

大学生自我管理就是大学生个体为了培养全面发展的素质，而进行的自我认识、自我评价、自我约束和自我激励的活动，是大学生个体充分调动自身的主观能动性，有效利用和整合自我的资源，运用科学的管理方法，展开的自我学习、自我教育、自我发展、自我完善的活动。

（二）大学生自我管理特点

1. 个体性特征

从本质上讲，大学生活的自我管理是每一个大学生个体的独立行为活动，是个体的主动性的发挥和个人独立管理自我的主体意识的觉醒与外化。尽管这种自我管理的行为要受到外界条件的影响和制约，受到社会环境和大学文化的引导和牵引，但其仍然是一种个体的主动性的活动，个体性特征是明显的。

2. 学习性特征

大学生活的自我管理无论其外在的表现方式如何，但其根本是旨在提高大学的学习效益和效率的活动，大学生活的自我管理始终是围绕着学习这个中心展开的。当然大学学习的内涵是广义的，包括学会生存的技能和人际沟通的能力。大学四年自我管理的效果如何，要最终通过学习的效益来评判。说到底，自我管理

的措施与执行的形式都是外壳，其内核是学习的效益如何，有没有通过自我的管理达到四年的最佳学习效益才是主要的考量。

3．动态性特征

在大学的四年里，大学生个体对自我的管理过程是一个随着时间推移而循序渐进的过程，是一个动态的管理过程。这个过程是由管理者建立管理的雏形，进而不断充实、补充、调整与完善的过程，是分散的管理到系统管理的过程。其动态性特征是显性的表象。动态性特征决定了大学生的自我管理的作用和意义，决定了这一过程是个体自我管理能力不断提升的过程，是对自我的认识逐步科学的过程，是自我心智进步与发展的过程，这一过程还是对高中生活的继承和对未来人生铺垫与奠基的过程。

（三）大学生自我管理的内容

1．自我认知

自我认知是大学生自我管理的基础条件，是作为管理主体的大学生对自己的言行和特点的感受和了解。只有了解自身的性格特征、心理状况、学习生活习惯、自身的优势和劣势，才能够扬长避短。

2．自我计划

自我计划是自我管理的重要组成部分，只有完善的自我计划才能使大学生活做到有目标、有组织，才能增强大学生活的实际效率。

3．自我控制

自我控制是实现既定目标的保证，是一种有利于自身、他人和社会的自律活动。自我控制通过自身检查实现目标的进度和质量，通过自我纠偏，使自己的思想和行为有利于实现目标。

4．自我激励

自我激励是引导自我行为的重要一环，是自我管理的推动力，是由于个人内在的动机和愿望而产生的一种驱动行为，是自我向目标前进的心理活动过程。

（四）大学生自我管理的作用

1．大学生自我管理既是手段又是目的

一方面，自我管理是大学生自我修养、自我约束的一种方式；另一方面，自我管理又是大学生提高自我、顺利发展的目的和体现。从人的发展来看，精神和道德追求是建立在人的本质和需要基础上的高层次的价值目标；从教育和管理的发展来看，教育和管理的直接目的是自教和自律。如果说"教育的目的就是为了不教育"，那么也可以说"管理的目的就是为了不管理"。

2．大学生自我管理既是一种规范和约束，又是一种选择与自由

一方面，大学生自我管理是一种自我控制，使言行遵循一定的秩序；另一方面，大学生自我管理更是一种自觉自愿、自主自由的积极选择和行为，通过正确选择与规范，"从心所欲不逾矩"，实现主观与客观、主体与客体、目的与手段、自由与必然的统一，赋予自教自律自主性、进取性、发展性和创造性，使学生的思想和行动富有生机与活力。

3．大学生自我管理既是个体行为，又是群体行为

一方面，自我管理表现为学生个体行为，具有内在的相对独立性；另一方面，自我管理与教育又是相互影响、相互制约、相辅相成的，同时又具有外在感染性和群体性。

总之，大学生自我管理是学习、实践、实现社会化的重要方式。一方面，大学生在学习、实践过程中，需要较强的认同感，才能自觉接受并主动投入必要的时间、精力，而自我管理可以产生认同的积极愿望；另一方面，人是社会中的一分子，和谐的人际关系又是和谐社会的重要条件，人的自我管理程度越高，其社会化也就更加容易实现。在很大程度上，实现高校的培养目标，大学生自我管理是最根本的条件，也是学生社会化的重要方式。自我管理对学校来说，是具有自主性、自觉性、发展性的活动，实现不教而育、不管而理，对社会起到维持秩序、稳定局面、推进发展的作用；对个人具有自主、自为和自我发展的作用。

二、大学生思想政治教育的自我管理的要求

（一）大学生自我管理必须要处理好的关系

大学生个体的自我管理是在学校和社会管理的背景下进行的，必须处理好与学校管理和社会管理的关系，自我管理才能正常有效地展开。

1．大学生自我管理与学校管理的关系

大学生的自我管理不是孤立进行的纯粹的个体活动，它是学校管理的有机组成部分。个体的发展规划最好能与学校的人才培养规划和目标相适应，与学校的管理制度相适应，与学校的文化氛围实现良性的互动，避免出现激烈的矛盾和冲突。尽管如此，个体自我管理的主动性、自主性必须得到有效的保证。学校管理应当给予个体自我管理的空间，为个体的自我管理创造必要的条件。

2．大学生个体的自我管理与学生组织管理的关系

学校内部的学生组织对学生群体的活动具有一定的协调作用。学生个体应当有条件地理解和服从这种协调。另一方面，学生个体应当具有自主的选择权，有自我决定个人事务的权利，行使个人事务的自我管理权。最好的结果是个人的自我管理与学生组织的管理协调一致，或者大体上不出现明显的冲突。

3．大学生的自我管理与社会管理的关系

大学生个体，作为社会人的存在，应当具有满足社会人的一般要求的属性，不应当，也不可能成为独立于社会之外的特殊个体；理应服从社会的一般管理规范，成为模范遵守社会管理规范的社会成员。在服从社会管理的前提下，应当充分发挥自我管理的优势，自主地设计自己的规划并且进行有效的实施，强化自我的知识和能力，以便将来更好地为社会服务。

（二）大学生思想政治教育的自我管理的要求

1．明确教育与管理的目标和规范

自我管理不是一种静态性的自我约束，而是学生朝向一定目标，遵循一定规范的动态性规约。明确的目标和规范，是自我管理的前提条件。目标为学生提供的是一种价值追求，是自我管理的取向和意义表达，目标被学生认可、接受之后，

学生能够用目标来导引、调节自己的价值取向，加强体验与理解目标的意义。没有明确的目标，或者不接受目标，学生就不会持久地坚持目标取向，也不会坚持学校所制定的规范，在思想和行为上必定各行其是，与社会生活不协调，这就不是所要求的自我管理。

　　同样，规范为学生提供的一种行为准则，是自我管理的遵循尺度和意志体现。规范被学生认可、接受后，学生能够用它来规约、衡量自己的行为，使外在规范内化为自身的内在准绳。规范包括法规和道德两个方面。没有明确的社会规范或学生不认可、不遵循社会规范，思想和行为就会失范。所以，让大学生自我管理，绝不是放任自流。在高校的思想政治教育中，必须有明确的教育管理的目标和规范，使学生在自我发展中有正确的方向。

　　2. 发挥教育和管理队伍"导"的职能

　　学校党组织、学生工作职能部门、教师和辅导员队伍，应该培养和训练学生的规则意识，通过对遵规守纪的认可、奖赏和对违规失范的谴责、惩罚，来引导、训练学生的自我管理行为。同时，要转变教育者和管理者的观念，使他们从处理琐碎繁杂的事务转移到引导、指导、检查、监督上来，既不是家长式的包办，也不是保姆式的代替，而是在学生自我管理的具体过程中，为他们出谋划策，帮助他们作出正确决策与选择。所谓检查监督，即是对学生自我教育与管理的组织工作和活动进行定期检查，既要放手让大学生自己做，也要使他们尽量少出偏差。

　　3. 创设良好的校园文化氛围

　　创设良好的校园文化氛围是引导大学生自教自律的必要条件。学校的文化氛围和内部环境对学生有规范、导向、激励、推动和评价作用。大学生在一定的校园文化中会自觉不自觉地接受、内化并整合其主导的价值观念和思维方式，使自己的思想潜移默化中被同化。因此，校园文化是提高学生自我教育能力、提高学生综合素质的有效载体。创设良好的校园文化氛围，应具体抓好以下几个方面的工作：加强基础文明建设，倡导修身进取的道德风尚；加强学风建设，形成浓厚的学习氛围；加强文化园区建设，营造优美的校园环境；丰富课余文化活动，增强校园文化的先进性和群众性。同时，还应重视高校内部潜在的、非课程形式的教育活动，创建有利的"道德场"，形成大学生自我管理的良好环境和氛围。创建有利的"道德场"，注意从小事抓起，从学生的学习、生活和行为的细节上开始，提出明确具体的要求，引导学生自我管理。

4. 发挥学生群团的作用

大学生群体建设需要自教自律。群体是教育与管理的重要载体。对于大学生来说，群体对自我发展有极大的促进作用。因为集体本身就是一个教育的主体，不仅对集体中的每个成员有规范和要求，而且可以促进成员之间的相互督促和相互帮助。同时，学生的成长主要是一个社会化的过程、一个参与的过程。身处集体的个体之间通过自由交流情感和思想，共同分享成长和进步的快乐与幸福。因此，大学生自我管理是群体建设不可缺少的内容。

大学生群体自教自律的基础是学生的群团。最早将群团分为正式群团和非正式群团的是美国哈佛大学工业管理研究所的教授梅奥，他通过多年的实验论证指出，学校管理中存在正式群团问题，而实际上在群团中还存在着大量的非正式群团。无论是正式群团还是非正式群团，都有其特殊的规范来影响其成员的行为，对学生的自教自律起着重要的作用。正式群团是管理者根据群团目标的需要，为完成某一具体任务而设立的，它的成立有正式文件和章程，有定员编制，成员之间有明确的分工和职责关系。就高校而言，主要包括其中的院系、部（处）、科（室）、班级、党政团群团等。非正式群团是指不按群团正式制度的规约，由正式群团成员自愿结合而成的松散联合体。高校学生非正式群团是指在高校正式群团之外，学生之间通过相互交往而产生彼此间的共同利益和认同关系。这类群团形成的基础是成员间共同的兴趣爱好、生活方式、价值观和共谋发展的需要。如学生中的老乡会、联谊寝室、实习小组等都属于非正式群团的范畴。高校学生非正式群团对学生的教育管理有较大影响，尤其在自教自律方面的作用明显。

在高校的学生管理中必须把正式群团和非正式群团结合起来考虑。充分利用学生中非正式群团在协调人际关系，联络感情，相互合作，提高工作效益等方面的积极作用；加强引导，消除其不利影响，使学生中的正式群团和非正式群团形成一股合力，推动各项学生工作的顺利进行。此外，还应注意充分发挥非正式群团核心人物的作用。非正式群团的核心人物相对于群团的每个成员来说，更易于被外界了解；同时，他们都具有较大的影响力和约束力，他们的一举一动都会得到其他成员的响应，做好了他们的教育引导工作，就更容易影响、引导对群团其他成员的自教自律。

（三）形成大学生群体自我管理的局面

学生组织包括学生党团组织、学生会、学生社团、班委会等群体。加强校、院（系）、班级三级学生组织的联系，形成学生自教自律组织系统。引导各级学生组织通过开展多种形式和富有实效的活动，促进学生自我发展，形成大学生群团自上而下的自教自律局面。

1．学生会

学生会是学生自教自律的主要组织。校、院的学生会是在党组织领导下、团组织具体指导下的学生自己管理自己、自己教育自己的群众性组织，是党组织联系学生的桥梁和纽带。"自我管理、自我服务、自我教育"是学生会工作的基本准则。学生会通过组织丰富多彩的活动，不仅可以丰富学生生活，而且可以有效地对学生的思想与行为进行引导。

2．学生自治

学生自治是学生自教自律的关键。学生自治是学生组织在党组织领导和团组织指导下的自主建设方式，一般以学生党员、学生干部为骨干开展自治活动。学生自治实际上是学生组织按照学校的培养目标与规章制度，进行自我教育与自我管理的活动。有些学校的学生为了发挥自治作用，还专门建立了学生的自教自律机构、学生监督机构，以保证学生自教自律的进行与效果。

3．班集体

班集体是学生自教自律的基层组织。《中共中央国务院关于进一步加强和改进大学生思想政治教育的意见》明确指出："班级是大学生的基本组织形式，是大学生自我教育、自我管理、自我服务的主要组织载体。"班集体通过一系列主题、班会、文体活动，使教育与管理的要求转化为现实影响，产生教育效应，达到促进学生成长成才的目的。

4. 党支部

党支部是学生自教自律的示范组织。党支部是带动广大党员与非党员学生团结进步的核心力量，是加强和改进大学生思想政治教育的重要战斗堡垒。要在班级中成立党支部，班级支部要根据党员和非党员学生的成长成才需求，切合实际地搞好思想建设、组织建设和作风建设。

第七章　新媒体视野下大学生思想政治教育分析

自进入 21 世纪以来，以互联网和移动通信技术等为代表的现代科技发展日新月异，QQ、微博、微信、直播平台等新兴媒体技术得到了进一步的普及和推广，成为各高校进行思想政治教育的重要平台和阵地。习近平总书记在全国宣传思想工作会议上的讲话中强调："意识形态工作是党的一项极端重要的工作，必须坚持巩固壮大主流思想舆论，弘扬主旋律，传播正能量，激发全社会团结奋进的强大力量。当前，以互联网为载体的新媒体迅猛发展，已经成为意识形态交锋冲击的重要平台。新媒体思想舆论工作的正道，在于化解负效应，激发正能量，成为治国理政、凝聚共识的助手，成为讲好中国故事、传播好中国声音的平台。" 这就要求我们加强对新媒体环境下大学生思想政治教育内容和途径的研究。这是时代的召唤，是提高大学生思想政治素质的重要手段。

第一节　新媒体对大学生思想政治教育的影响

21 世纪的人类社会，新媒体已经深深根植于社会的政治、经济、文化、社会生活等诸多方面，成为信息化浪潮中与国家前途息息相关的重要领域。放眼世界，各个国家在新媒体的发展战略上展开了激烈的竞争，不断地推动新媒体的快速发展。对于公众而言，以网络为代表的新媒体与人们的生活越来越紧密地联系在一起，极大地改变了人们的生活方式、学习方式、思维方式、交往方式、娱乐方式甚至语言习惯，影响着人们的思想意识、价值观念、道德行为。

一、新媒体内涵及界定

"新"与"旧"，"现代"与"传统"总是相辅相成的，相应地媒体也是如此。世界上第一份报纸——《邸报》产生于中国的汉代，世界上第一个广播电台诞生于 1920 年的美国，世界上第一台电视机诞生于 1926 年的英国……科学技术的变革和社会的迅猛发展，极大地改变了人类信息的产生和传播的方式。

"从媒介产生和发展的历史脉络来看，人类的传播活动主要经历了如下几个发展阶段：口语传播时代、文字传播时代、印刷传播时代以及电子传播时代。"[①]当然各类媒介的产生在这个历史发展进程并不是取代与被取代的关系，而是一个依次叠加的过程。

新媒体的概念是相对的而非绝对的，每个技术时代"新媒体"的产生都体现出了其所在时代的特色。与第一代互联网传播模式 Web 1.0 相比较来说，第二代互联网不断涌现出诸多新型的传播业务，越来越受到网民的欢迎，为众多网民提供了创作、展示和交流的平台，如现代社会网民最常用的沟通和交流方式主要是以 QQ、微博和微信等为代表的即时通信工具。互联网正在进入"视听新时代"，主要表现在网络电视、视频直播等领域广泛应用联网技术以及音频视频文件的上传与下载。

"新媒体"的概念与传统媒体（广播、电视、电影等）的概念相比较来说，一些国外研究学者和媒介机构认为他们是有很大的差别的。美国的新媒体艺术家列维·曼诺维奇、锡拉丘兹大学新媒体教授凡·克劳思贝和美国新科技刊物《连线》杂志都认为："所谓新媒体已经不再可能是任何一种特殊意义上的媒体形式，它在实质意义上已经演变成为一组数字信息，一种实现了'所有人对所有人传播'的信息流，或者说是一种融合了人际传播和大众传播特点的信息呈现方式。"[②]

与这种观点相对应，国内研究者普遍认为，新媒体的概念并不应该完全背离或颠覆传统媒体的概念，而应该是对传统媒体概念的补充与延伸。他们在界定新媒体概念的时候，一方面延续了传统媒体实体性概念的架构模式，另一方面充分吸收国外关于新媒体概念的界定。如清华大学新媒体传播研究中心主任熊澄宇认为："所谓新媒体就是指在计算机信息处理基础上出现和影响的媒体形

[①] 郭庆光. 传播学教程[M]. 北京：中国人民大学出版社，1999：169.
[②] 杨状振. 中国新媒体理论研究发展报告[J]. 现代视听，2009（5）：11—16.

态，它包括了在线的网络媒体和离线的其他数字媒体等形式，并且随着时间的演变，新媒体的具体所指也在发生着潜移默化的变化。"[1]上海交通大学的蒋宏、徐剑教授则认为，新媒体就是指"20世纪后期，在世界科学技术发生巨大进步的背景下，在社会信息传播领域出现的，建立在数字技术基础上的，能使传播信息大大扩展、传播速度大大加快、传播方式大大丰富的、与传统媒体迥然相异的新型媒体"，其外延则包括了"光纤电缆通信网、都市双向传播有线电视网、图文电视、电子计算机通信网、大型电脑数据库通信系统、通信卫星和卫星直播电视系统、高清晰度电视、互联网、手机短信和多媒体信息的互动平台、多媒体技术以及利用数字技术播放的广播网等"[2]。从传播手段的进步进而从数字技术的发展来界定"新媒体"的概念，在内容表述上涉及了新媒体的多个方面，但是不难看出这个概念也还有其局限性。

由以上对于新媒体的论述来说看，虽然对于新媒体的研究有了很大的进步，但是其概念仍是众说纷纭，并没有形成统一的定论。综合而言，我们认同的观点是："新媒体是相对于传统媒体而言，建立在数字技术基础上，通过计算机网络、无线通信网、卫星等介质，利用计算机、手机、数字电视机等终端，为人们提供信息和服务的传播形态。"[3]

二、新媒体的特点

（一）数字化凸显

随着科学技术的迅速发展，媒体的发展也愈加迅速。在20世纪40年代，数字技术实现了快速发展，这使得新媒体技术实现了颠覆性的变革，数字化进而也就成了新媒体技术的一大特征。当前，在我们的日常生活中，到处都被新媒体所包围，如车载移动电视，公共场合的楼宇电视，以及通过手机所接收到的新闻、图片和视频等。数字化是新媒体的一个显著特征，在人类历史发展的整个历程中，虽然数字化出现的时间很短，但其对人类的生活方式和社会传播方式产生了巨大

---

[1] 匡文波. "新媒体"概念辨析[J]. 国际新闻界，2008（6）：66—69.

[2] 蒋宏，徐剑. 新媒体导论[M]. 上海：上海交通大学出版社，2006：13.

[3] 王传中. 新媒体对大学生生活、学习、思想的影响[J]. 高校理论战线，2009（7）：40—41.

的影响。随着传播媒体内容数字化的不断发展，人类的整个社会和管理也逐渐朝向数字化的方向发展。

（二）交互性体现

在传统媒体中，信息的传播者是信息的发布者，信息的接收者只能被动地接收信息，二者之间的定位极为明确。但是在新媒体信息的传播过程中，二者之间的定位就显得极为模糊，信息的接收者可以接收信息，但同时也可以成为信息的传播者。在新媒体中，广大的群众享有绝对的主控权，其可以自主决定接收媒体的主题、内容和时间，然后还可以及时反馈自己的观点和态度，同时也可以将自己的所见、所闻、所感作为信息传送到网络中，然后通过网络传送渠道传递给其他的信息接收者。在传统媒体中，可以使用两分法对大众进行简单的区分，即传播者和受众。而进入到新媒体时代，"受众"一词则可以用"用户"来进行替代。

（三）个性化、专业化和即时化

一般意义上的大众传播，包括报纸以及传统的广播电视等，一般不可能为个体单独制作、出版和播放，但是新媒体却做到了这一点，可以针对市场的不同需求，制作出满足个体用户需求的、具有个性化和专业化的信息服务，同时，用户也可以根据自身的喜好定制专业的信息服务。对于传统媒体来说，其信息的制作通常需要一个较长的周期，并且需要定期发行或是播出，而以互联网、数字广播电视、手机等代表的新媒体则不同，其突破了信息发布和接受在时间和空间上的限制，并且在很短的时间内就可以在全球范围内传播开来。在众多的新媒体中，手机是最为突出的一个，其突破了时间、地域和电脑终端设备等多种阻碍，可以随时随地发布和接收信息。通过新媒体，人们可以看到更为丰富的信息，包括事件的背景、图片、视频、专家和网友的评论等，这些都是传统媒体无法做到的。

三、新媒体对大学生思想政治教育的影响

（一）新媒体对大学生思想政治教育的积极影响

相较于枯燥的传统思想政治教育，新媒体时代大学生思想政治教育更有活力，

我们称之为"思想政治教育的激活理论"。

1. 新媒体让思想政治教育实现了信息交流双向化

新媒体时代使得信息接收者和传播者的交流更加紧密，并且参与者不仅是信息的浏览者也是信息的生产者。网络新媒体正式成为舆论新格局的重要组成部分，成为思想文化信息的集散地和社会舆论的放大镜。当代大学生通过网络媒介及时有效地关注公共事务以及时事热点，并通过网络发表自己独特的看法和见解，积极地参与到社会的发展中。这种参与公共事务的方式更加方便也更有活力，同时又能给社会带来不可估量的正面效应。

2. 新媒体给思想政治教育注入了新的知识源泉

众所周知，创新是新媒体发展的主要动力，而思想政治教育也离不开创新精神，因此思想政治教育可以有效地借助新媒体发展过程中体现出来的创新意识和先进思想，并以新媒体为依托，顺应时代的潮流，如此，思想政治教育定将焕发新的活力。思想政治教育工作者在对大学生思想政治教育过程中若能够立足实践进行创新，创新教育内容、创新教育方式，契合大学生自身的特点，这样的教育方式就会更加贴近实际，并且能够拓宽大学生知识来源，加强其对知识的内化和吸收。

3. 新媒体为思想政治教育创造动力条件

新媒体创设了虚拟与现实共存的环境，所以其具有的开放性和共享性为提供教育动力创造了条件。虽然新媒体因其本身的虚拟性会存在一定的局限性，但是它的虚拟却是建立在与现实相联系、反映现实的基础上的。学校可以利用新媒体这一特性，充分发挥其作用，更好地利用资源对大学生进行思想政治教育，并能够积极探索新媒体环境下大学生思想政治教育的特点，开发与大学生身心相适应的思想政治教育模式，使思想政治教育更能体现时代的特性，焕发新生的活力。

综上分析，大学生离不开新媒体，并深受新媒体的影响，同时新媒体的信息量大、交互性强等特点也为开展思想引领工作提供了更为丰富的渠道和方法。作为高校思想政治工作者，必然要利用这一天然的契合点，正确引导大学生树立科学的发展观与成才观，引导他们走上正确的人生道路。大学生思想政治教育工作者们必须全方位地了解大学生的实际情况，根据大学生自身的特点，通过新媒体激活思想政治教育的相关内容，引导他们对新媒体有正确的、客观的、全面的认识，并学会运用新媒体为自己综合素质的提高服务，自觉抵御不良信息的干扰，客观评价事物及个体的属性，形成自我的全面发展。

（二）新媒体对大学生思想政治教育的消极影响

1. 新媒体环境中存在一些不利因素

（1）文化环境的多元化。由于新媒体的作用，整个世界的距离被大大拉近，因而就有了"地球村"这个名词。新媒体的出现使整个世界发生了重大变化，"不出门就可知天下事"变成了现实。各国各界人士都可以通过新媒体进行交流。不同的地域文化之间因为新媒体的出现交流更加通畅，各个地域的文化在相互交融中使自身朝着新的方向继续发展的同时，也带来了不同文化之间的碰撞。在新媒体环境中就难以避免东西方文化的冲突、本土文化与外来文化的冲突，甚至一些消极的不健康的西方文化也伺机侵入，这给文化领域带来不小的冲击。新媒体由于其相对自由性，因而比起现实世界中来，文化更容易传播渗透，不良文化也更容易滋生肆虐。而所有这些，无疑加重了大学生思想政治教育的难度。

（2）政治环境具有潜隐性。以互联网为代表的新媒体最初在美国兴起，后来在西方国家迅速流传开来。作为发达国家的美国和西方国家喜欢把他们的东西强加给发展中国家，并利用网络的便捷性来宣传他们的政治言论。标榜他们政治制度的合理性，竭力将他们的政治文化、政治理念、政治意识形态等塞给发展中国家，我国也不可避免地遭受到这种影响。在我国，发达国家的这种做法目的在于降低我们的民族认同感，从意识形态方面侵略我们。因此，新媒体的作用不容小觑，无论是政治思想还是意识形态，新媒体的不利影响都会带给我国许多潜在的威胁。

（3）舆论环境在一定程度上具有不可控性。新媒体的出现使得人们的言论变得比起以前自由得多，通过新媒体，我们看到无论是哪个阶层、哪个地区，人们都可以相互交流，而且言论范围无所不及，这就使得大众传媒对舆论的控制力与监督力受到空前的挑战。由于媒介信息的流动性和随意性，不良信息肆意增生扩散，因而依靠政府的力量来控制新媒体不良信息的流动散布，是一个十分困难的事情，可能暂时控制住某一个事件，但是在别的时刻对于别的事件的发生并不能保证也能及时控制。因而就要依靠法律的力量来进行约束。

（4）理性环境缺乏。通过新媒体许多人可以畅所欲言，而且言论不受时间、地域的限制。这就给一些不法分子提供了可乘之机，使许多不法分子蠢蠢欲动，做出一些违背道德伦理的事情，而且同时使一些人患上当下流行的"网络综合征"。由于对网络的严重依赖，人与人之间的关系变得越来越冷漠。

（5）伦理环境具有困惑性。许多人看到了新媒体的虚拟性，因而觉得利用新媒体做任何事情都是自由的，这就引发了许多伦理道德问题。随着新媒体的发展，道德相对主义、无政府主义和个人主义也甚为流行和泛滥。因为，人们普遍会错误地认为，在新媒体这个虚拟的自由世界中，自己的所作所为不会被人所知，也不会被轻易看到，更不会因行为不当或不道德而受到舆论的指责，因此，新媒体成为许多不良思想、不良行为滋生的温床。传统的道德观、价值观、伦理观受到严重的冲击。

上述新媒体环境的现实问题，对于大学生思想政治教育形成了巨大的冲击，增加了大学生思想政治教育工作的难度。

2．新媒体的发展导致人际关系疏离，造成思想政治教育的沟通障碍

由于新媒体中人们的交往主要是人机对话或以计算机为中介的交流，表面上，人们可以通过 E-mail、QQ、微信、BBS（电子公告板）、IRC（网络实时交谈）、Net-meeting（网络会议）、IPPHONE（网络电话）等方便、快捷的方式交流，这样与古代书信来往相比，大大缩小了实践和距离上的差距，同时也拉近了人与人之间的距离。但事实上，由于每个人都抱着手机电脑去上网，因而也就为现实的人与人之间建立起一道厚厚的屏障。人们在人际交往中变得越来越冷漠，缺乏安全感。

这些林林总总的问题，使得大学生思想政治教育者在与学生沟通时，会出现一些障碍。如果教育者与学生之间缺乏精神上的交流与沟通，那么两者在思想、情感和感受上就不可能实现相互的影响与渗透，一些学生不愿意打开心扉，使大学生思想政治教育工作难度加大。

3．新媒体对思想政治教育者的素质提出了更高的要求

信息社会中，教师的职能虽然还是教书育人，但是与传统教师的具体职能相比已经有了很大的不同。在过去传统教学过程中，教师拥有绝对的知识权，被学生簇拥在讲台中央。而新媒体时代的到来打破了这种传统，学生可以通过新媒体获得渴望得到的知识，而且与教师的讲解比较起来，知识内容更加丰富具体，同时展现知识的方式更加多样化、形象化和动态化。这就需要教师不断提高自己的知识水平，不仅要有大量的知识存储，同时要想办法将这些知识用更加生动形象的方式表述出来，这就对教师的思维能力、语言能力、灵活应对能力提出了相应的挑战。因而，教师要与时俱进，不断提高自己传授知识的能力和技巧，在纷繁复杂的新媒体时代提高授课水平。

第二节 开发新媒体平台，创新大学生思想政治教育载体

一、建立以微博新媒体为主的大学生思想政治教育载体

作为大学生信息交换和人际交往的重要平台，微博已经得到广大大学生的普遍认可。大学生使用微博在大学校园内是非常普遍的现象。因此，针对这一普遍现象，高校应通过构建微博平台，充分发挥出微博对于大学生进行思想政治教育的优势。

（一）微博在大学生中的现实表现

大学生思想活跃，行动积极，易于接受新鲜事物，具有较强的表达和沟通能力以及较高的社会参与意识。因此，在庞大的微博大军中，大学生占有重要的比

重。据数据显示，微博用户比较年轻化，且学历高，18—30 岁的用户占比例高达 67%，大学本科以上学历者占 63%。[①]

1. 微博为大学生提供了信息分享的空间

发布与获取信息是微博最核心的功能。现代大学生是使用微博的主体，"他们既是博文的发布者，也是博文信息的接收者。大学生通过微博发布信息，'博友'通过微博获取信息，微博给大学生互换和共享信息提供了平台"[②]。相对于博客、论坛、网站而言，虽然微博和这些重要平台都承担着信息发布的重要功能，但是总体而言，微博具有更为突出的时效性、交互性和便捷性。微博要求所发布的信息内容字数不超过 140 个字，这就使得大学生在发布信息的时候，不注重系统的逻辑性，也不需要进行深入的思考，而是更加注重语言组织的简单易行，这一特点就极大地方便了学生把自己日常生活中的所见所闻、所感、所思、所想通过简短的文字发布到微博页面上。

此外，微博发布的信息具有时效性、广泛性，使得大学生能够随时浏览学校的各类信息，积极参与交流和信息评价。目前，许多大学都基本上拥有了自己的官方微博，可以通过微博平台向广大学生发布各类服务管理信息。如教务部门可以把学校发布的各种教学通知、教学文件等信息通过微博向大学生进行公告；保卫部门通过微博可以及时向学生发布校园近期发生的突发事件，把整个事件的过程与真相及时告知学生，遏制谣言传播，从而有效防止事态扩大化；图书馆可以运用微博这个信息平台及时向广大师生发布新书推介信息、借阅提示信息以及学校近期举行的学术交流和讲座等内容。[③]

2. 微博为大学生拓展了人际交往的途径

良好的人际关系能够有效地促进大学生自身的健康发展。随着微博的快速发展，大学生在网络世界中的人际交往范围得到了极大的扩展。这主要体现在两个方面：一是微博上展现出现实中大学生的人际交往圈，大学生在现实世界

---

① 尹韵公. 中国新媒体发展报告[M]. 北京：社会科学文献出版社，2011：161.
② 喻国明. 微博价值：核心功能、延伸功能与附加功能[J]. 新闻与写作，2010（3）：61—63.
③ 李华，赵文伟. 微博客：图书馆的下一个网络新贵工具[J]. 图书与情报，2009（4）：78—82.

中的人际交往通过网络这一载体得到了拓展，方便了交流和沟通；另一方面是基于微博使用而产生的以信息为中心的"关注—被关注"人际关系，也就是通常所说的"微博主—粉丝"之间的关系。大学生们通过微博，在网络空间中极大地拓展了自己的社交范围，而且，大学生在"微博"上进行沟通交流更加能够畅所欲言，避免了面对面交流的尴尬，微博提供的这种开放、平等的交流方式，使得大学生之间的交流更加轻松、随意，从而使其能够真实地吐露自己的心声，不用顾忌现实世界的困扰，这种全新的人际交往方式为大学生提供了轻松、开放的交往空间，极大地鼓励大学生参与到这种交往平台中，从而拓展了人际交往的范围。

3. 微博为大学生搭建了自由表达的平台

作为一种新型传播媒介，新媒体具有其区别于传统媒介的特征，即微博上的言论具有较高的自由度，用户通过微博可以自主地发表自己的观点和看法。另外也可以通过手机联网发布微博信息，大大降低了微博使用的门槛，因此在广大大学生中受到广泛的关注和使用，信息的动态性也非常活跃。由此，在微博中产生了大量原创性的内容，使得写作这一遥不可及的活动走进了普通人的生活中，而不仅仅成为遥不可及的作家生活。正如腾讯微博的广告语所言："与其在别处仰望，不如在这里并肩，记录身边的事情，和点点滴滴的感动，这就是我们 140 个字的碎语人生。"在微博空间，任何人都可以自由地表达自己的观点，与他人尽情地交流畅谈，既避免了面对面交流的角色隔阂，又可以将博文用手机和网络进行传送。针对社会上发生的时事，学生们可以自由发表评论，提高学生对社会的关注度。

（二）利用微博加强大学生思想政治教育的具体措施

微博时代给大学生思想政治教育提供了崭新的环境和平台，拓展了现有的网络思想政治教育领域，提升了大学生思想政治教育的影响力。如何把握微博这一新媒介，利用微博加强大学生思想政治教育是当前大学生思想政治教育工作者应当思考的一个重要问题。

新媒体视野下大学生思政教育创新探索

1. 正确认识微博，树立发挥微博教育功能新理念

微博的快速发展，不仅见证了传播技术与传播手段的创新，更意味着思想教育、政治传播、意识形态建构的目标群体越来越庞大，领域越来越广阔，方式越来越灵活，监控越来越困难。这就要求高校的思想政治教育一定要深入研究微博的教育和传播功能，充分发挥微博的思想政治教育作用，提高大学生的思想道德水平，树立起正确的世界观、人生观和价值观。

从一定程度上来说，以微博为代表的"微时代"的来临，对传统思想政治教育者的信息传播主导权和话语主导权，都造成了一定的削弱。因此，新时期的思想政治教育工作者要解放思想，与时俱进，看到微博在教育方面的优势，树立全新的教育理念。大学生思想政治教育者应开通个人的微博，将社会主流文化融入微博文化建设中，充分发挥出微博对于社会先进文化的传播作用，在微博空间中营造主流文化的舆论环境，扩大个人微博的影响力。一方面，对多元化的思想应给予包容和理解，对学生进行心理疏导，让学生感受到人文关怀，学习微博中的积极态度，丰富自身的语言体系，提高思想政治教育的感染力。另一方面，由于微博对于信息的传播速度很快，交互性也很强，从而通过微博这一媒介载体，一方面可以强化正面观念和情绪，另一方面亦可以使得负面观念和信息得到传播和放大，这种双面性使得思想政治教育工作者必须积极主动"介入"，对于传播的规律进行积极研究，及时发现微博中的负面观念和情绪，对其进行消灭，从而切实提高思想政治教育的实效性。

2. 积极创建微博，构建思想政治教育新平台

当前，大学生思想政治教育过程中并没有充分挖掘出微博在其中所产生的巨大作用，很大一部分大学生思想政治教育者往往忽视了大学生思想政治教育中微博所产生的巨大影响，因此也就没有探索出利用微博进行思想政治教育的实践路径。对高校来说，必须科学理解、及时创建微博平台，并且保证微博平台的运行和维护，主动经营"微博"阵地。更重要的是要把学生微博与大学生思想政治教育有机融合起来，将主流意识形态和核心价值观教育科学地渗透到微博中，采用隐性方式对学生进行思想政治教育。

3．科学使用微博，正确引领微博舆论导向

由于微博在大学生群体中使用广泛，从而引发了校园舆情形成、发展和传播的新趋向，从一定程度上对于大学生思想政治教育的舆论文化和社会心理都产生了直接或间接的影响。对此，为了切实提高大学生思想政治教育的实效性，思想政治教育工作者就必须积极适应，创建微博并正确使用，从而在与学生进行交流沟通的过程中，发现学生个性化语言中所包含的思想态度和价值观念，体察学生群体丰富的内心世界和社会心理状况，引导学生主流意识形态的形成。

此外，大学生思想政治教育还应建立舆论监测和信息反馈机制。由于通过微博这种媒介传播的信息其速度和广度都是非常大的，可能一个不经意的消息通过微博就会在学生群体中产生非常巨大的影响。对于这种情况，校园舆情监测就会起到非常重要的作用。高校的宣传或学生工作部门，就要对校园的微博网络进行分类管理和全面识别，全面分析用户数量、信息流量、舆论内容等信息。

二、建立大学生思想政治教育的校园主题网站

主题网站是我们党舆论宣传的重要平台，是进行大学生思想政治教育的前沿阵地。目前，我国存在着各级各类的以思想政治教育为主题的"红色网站"。但从调查的情况看，这些"红色网站"的点击率普遍不高，大学生群体中经常使用"红色网站"的人数不足一半，教育效果不尽如人意。

要建设好大学生思想政治教育主题网站，必须在汲取以往在思想政治教育主体网站建设经验并反思的基础上，首先对主题网站做到办网目的明晰，办网思路明确，发展定位科学。用先进的思想文化占领高校网络文化阵地，大力传播积极向上的主流文化，这是我们建设主题网站必须始终坚持的导向和原则。高校不断探索、分析、研究社会中出现的各种新情况、新问题，用科学的理论引导网络舆论，让各种先进的思想和文化在校园网上唱响主旋律，打好主动战，及时组织和发布信息，使主题网站成为以传播社会主义核心价值观和先进文化为主的重要载体。其次在增强吸引力方面不断完善主题网站的内容和形式。严谨性、严肃性、思想性是对思想政治教育主题网站中内容的具体要求，但是为了增强吸引力，就

必须针对大学生的特点增强内容的生动性、多样性、趣味性，以使大学生更容易接受，所以要处理好两者之间的矛盾，就要针对思想政治教育的主要内容进行精心编排，在网站上从形式和内容两方面改造严谨的思想政治理论，使其变得更为深入浅出和生动活泼，增强主题网站吸引力。

网站建成之后是需要用户的访问的，没有或很少有用户访问的网站是没有意义的。网站访问量的多少与很多因素有关，首先与网站内容的质量有着直接的联系，其次与网站的宣传和推广也有很大的联系。在网站的宣传上，我们至少可以从以下四方面入手加大网站的知名度：其一，在用户访问网站的时候，提供实现将用户浏览器的主页改为德育网站的首页功能；其二，在积极推广开发本网站的时候，可以和其他较为著名的相关网站合作，扩大知名度，例如可以向中国大学生在线、中青在线等知名网站投稿，不仅可以在其他的网站上进行德育工作，更可以宣传本网站；其三，向互联网上的导航台提交站点的网址和关键词，以便受众能够尽快找到网站；其四，可以利用网站的名义举办各种有关德育的特色活动来提高网站的社会影响。

网站在建设完成之后，除了要进行积极的宣传推广之外，网站的维护工作同样不可缺少。在进行网站维护时，至少需要做到以下几点：其一，在网站硬件和软件的选择上，网站为了确保访问顺利畅通和网络系统的安全，需要配置先进的网络服务器和网络运行软件，并建立高技术平台；其二，在建设与使用理念上，要做到边建设、边使用，边完善、边建设，建设与使用同步，实现网站建设与使用的良性循环；其三，在内容的选择和更新上，建立与师生的动态沟通，根据反馈结果，及时更新网页内容，改变网页形式，进而提高网站的吸引力和点击率，保持网站的生命力。

三、通过即时通信工具开展个别化思想政治教育

（一）即时通信工具的产生及发展

1. 即时通信工具的产生

即时通信（IM），是指具有实时在线交流、在线传递信息等功能的一种业务。

自即时通信诞生之后，特别是近几年来的蒸蒸日上，即时通信软件的功能日趋完善，随着人们的需求不断增强自身的功能。渐渐地，即时通信软件的功能涵盖了博客博文、邮箱邮件、音乐共享、电视观赏、游戏娱乐和搜索百科的全方位的功能。即时通信软件，不再是简简单单的休闲交流工具，而已经成为能够进行交流、问答、娱乐、搜索、电子商务、办公协作和企业客户服务等面面俱到的全方位的信息平台。①网络即时通信也在随着网络的飞速发展，向移动化进行着扩张。目前，几大即时通信提供商都提供手机即时通信软件平台，这就代表着用户通过下载并安装软件，就可以使手机成为另一接收终端了。

1998 年以前，我国的即时通信工具使用主要集中在 ICQ 上，特别是汉化版。到了 1999 年，一些网友使用 PICQ（俗称网络大哥大，是中国台湾省开发的），也是这一年，中国大陆的 OICQ 开始迅速崛起。2000 年，OICQ 成为国内即时通信的主流。到了 2001 年，OICQ 改名为 QQ，进一步巩固了在大陆的老大地位。当时也有其他即时通信软件向 QQ 发起了冲击，但 QQ 凭借其实力击败了对手，此时 ICQ 基本上逐渐淡出了中国即时通信的市场。2002 年，QQ 实行全面收费服务，这使得很多网友开始使用雅虎通、朗玛 UC 以及 MSN Messenger。2003 年，一些门户网站借用免费的短消息和大容量的电子邮箱功能推出了自己的即时通信软件，吸引了不少客户使用。随着市场的运行发展，各种即时通信工具的前途瞬息万变，但仍值得一提的是，QQ 已逐渐站稳了脚跟。

2. 即时通信工具的发展

麦克卢汉说："地球是一个村落。"弗里德曼说："地球是平坦的。"他们的睿智在于，敏锐、超前并形象地概括出了几乎存在于当代每一个地球人心中的一种越来越强烈的所谓"全球化"的感觉。即时通信工具应运而生，其真正发展成为一种新媒体工具是在 20 世纪 90 年代末。在此之前，即时通信工具的发展经历了一个相当长的过程，其发展过程大致可以分为三个阶段：

（1）低级阶段：作为电话会议的代替品。1971 年，默里·特沃夫为紧急情

---

① 孙翌. IM 技术在图书馆中的应用[M]. 上海：上海交通大学出版社，2010：2.

况防备办公室开发了"紧急情况信息管理系统及参考索引"系统，以满足政府在紧急情况下进行飞速信息交流和控制。即时通信是一种功能，它能使处于各地的用户通过电话线登录到一台中央电脑上，从而方便快捷地进行信息交流。与此同时，互联网用户可以通过网络连接的电传打字机查看聊天记录。即时通信功能在当时是为了替代电话会议而开，使处于远距离的人们之间进行交流时方便了很多。

（2）发展阶段：功能逐渐齐全，被互联网用户日益接受。从1999年到2008年，国内即时通信市场在经历了短暂的拓荒之后，快速增长并逐渐趋于稳定和成熟。即时通信软件功能的完善、应用的拓展、激烈的竞争推动着我国即时通信市场朝四个方面发展。腾讯QQ的成功表明，通用型或个人即时通信软件成败的关键在于活跃用户基数。无论是从用户需求，还是从市场发展的角度看，即时通信工具互联互通的要求日益突出，市场的进一步发展需实现互联互通。

（3）成熟阶段：多种即时通信工具竞争上演。20世纪90年代初期到中期，互联网中介聊天系统可以出现群聊功能，同时出现了即时通信工具ICQ。这个被美国在线公司收购后，又推出了一系列强大功能的版本，但保留了原来ICQ的原有界面，形成了它与美国在线公司自己推出的IM并存的竞争场面。

在众多互联网应用中，最引人注目的莫过于即时通信市场的规模不断扩大。即时通信工具最接近我们生活的有很多，BBS、QQ、手机、飞信、人人网、博客、电子邮件、微博、微信等都是我们日常经常使用的，特别是智能手机的出现，给我们的日常生活增添了很多便捷。腾讯QQ垄断中国市场后，2003年MSN Messenger、网易泡泡、朗玛UC、IMU等即时通信软件也全面进入国内市场，使得国内市场竞争日益激烈。在我国，最早从事即时通信的和移动通信的软件开发商是腾讯公司，其创建的即时通信工具QQ，对现代人们的生活产生了广泛的影响。伴随智能手机的兴起和广泛应用，手机微信已经成为一种重要的新生媒体力量。大学生在使用微信的过程中，其世界观、人生观以及价值观在潜移默化中发生了改变。可以说随着互联网时代的到来，即时通信必定会在人们的生产和生活中发挥出更为深远的作用。

（二）充分利用 QQ 平台加强大学生思想政治教育

1．QQ 可以缩短师生之间的空间距离，增进彼此了解

通过 QQ 平台的连接，可以够缩短师生之间的空间距离，建立起融洽的师生关系，防止因空间地域的差异而对师生之间的交流造成阻碍，通过网络可以实现随时随地的交流沟通。在网络时代，老师们在课余时间进行备课或学术研究工作的主要辅助工具为电脑，而学生也会经常利用电脑或手机进行上网，从而极大地便利了师生之间的交流沟通。因此，可以说在现代大学生师生之间交流的最佳方式是通过 QQ 工具实现的，它的重要性和广泛程度已经远远超过了师生之间的亲身交往，从而对于师生间的交往不仅克服了空间距离，还大大缩短了时间损耗。只要老师在网上，学生随时都可以利用 QQ 和老师"面对面"的交流，教师也可以利用 QQ 对学生的疑问进行解答，帮助学生解决思想的困惑、学习的困难、生活的困境。

2．QQ 可以拉近师生之间的心理距离，打开学生心扉

日常的学习生活中，很多同学一听说老师找他就紧张，担心自己是不是犯了什么错误，"恐惧感"就不自觉地产生。这种传统的师生之间的交流方式都是点对点、面对面的交流，在这样的环境下，学生无法全部敞开心扉，表达其真实想法，彼此之间的交流一定具有"保留性"。此外，学生的一些隐私或者其他问题，有时碍于面子难以启齿，给师生之间的坦诚交流设置了一把无形的枷锁。

在 QQ 上交流则不同。QQ 因其具有匿名性、隐蔽性和无约束性，从而导致学生不用顾忌现实世界的困扰，他们在虚拟空间上能够放松心态吐露自己的心声，把自己的真实想法表达给倾听者。再者，在 QQ 中，教师通过设置个性化的网名、特别的头像，并且在与学生沟通的过程中可以使用一些诙谐的 QQ 表情，轻松幽默的语言，只可意会不可言传的 QQ 图像等，使得教师在学生心目中的形象不再那么严肃，而是亲切可爱，从而就会大大拉近师生之间的心理距离，更容易获得学生的认同。这样的沟通无疑可以使彼此之间袒露真性情，甚至可以无话不谈，进入更深层次的精神交往。从而可以使教师能及时地了解学生的真实想法，帮助学生解决思想和心理问题，对他们进行正确引导。

3. 尊重聊天对象的性格爱好，做到因材施教

作为教育工作者，在与学生的交流中，首先，要做到尊重学生。尤其是在网络交往中，虚拟性与现实性并存，导致很难分辨出真实信息与虚假信息，同时由于网络的开放性，使得网络交流内容很容易泄漏出去，从而造成严重后果。因此，对于在与学生交流沟通的过程中那些涉及学生个人隐私的聊天内容，教育者必须尊重学生个人的隐私，慎重对待，不可随意外传。而且教师在与学生聊天过程中，要以平等和关心的态度对待学生，语言运用要得当，语气要和善，做到充分尊重学生。其次，由于网络语境和现实语境有很大的不同，因此教师在与学生进行网络沟通的时候必须多方面了解网络交往规则和网络语言的使用特点，减少与学生网上交流的障碍。另外，教师在与学生交流之前，应该先了解一些学生的个人信息、空间日志等资料，尽可能熟悉学生的性格特征、兴趣爱好，这样能够做到因材施教，对于与学生展开进一步的深入交流是大有帮助的。

（三）开通微信交流平台，抢占思想政治教育阵地

随着网络的迅速发展，使用微信进行免费的即时信息推送与语音对讲等功能已经成为多数年轻人生活中必不可少的一部分，通过微信这一平台，大学生在思想政治教育过程中的交流是平等的，而且收到的效果也是快捷高效的。以学院或者班级为单位在微信上建立交流群，师生可以通过手机将所遇到的热门话题进行实时互动，及时进行交流和探讨；除此之外，可以把学校作为一个更大的单位群体创建微信平台，与校园文化相关的文章推送给相关关注者，图、文、声并茂，用丰富多彩的形式宣传主流意识形态，抢占大学生思想政治教育阵地。

四、注重手机新媒体功能在大学生思想政治教育中的应用

手机已经不再是单纯的通信工具，人们利用它可以随时随地上网获取信息、了解新闻、收看电视等，给人们的生活带来了许多便利。

（一）手机媒体的概念

随着信息科技的飞速发展，新媒体的表现形式也在发生着巨大的转变，当今

时代，手机媒体已经成为新媒体的主要表现形式，并且随着社会的变化，其内涵和表现形式也越来越丰富。

有人认为，新媒体是在弥补前一种媒体缺陷的基础上而诞生的，从这个意义上来看，对于手机媒体就可以定义为：在互联网产生以后，为了克服之前媒体存在的缺陷而产生的一种新的媒体形式。相比较于其他媒体而言，它的传播介质将更加适于信息传播。虽然这一新媒体的实现形式是依附于互联网的，但它具有自成一体的无线网络。与那些使用有线网络的电脑比较来说，手机媒体能够更加及时、迅速地处理信息，具有更强的互动性。并且手机的形体更加小巧玲珑，与形体笨重的电脑相比携带方便，更加符合大学生个体的需要。相对于互联网来说，手机媒体具有更强的防范病毒和黑客攻击的能力。因此可以说，在现代社会或者未来的发展中，由于手机媒体人性化的传播优势其将成为新媒体发展的主要方向。

由于手机媒体是新生事物，所以到现在为止，并没有确定的严格科学的定义来界定手机媒体的概念，大部分关于手机媒体的解释都是模糊不清的，不同专业背景的人有着不同的说法，以至于出现了一些表述上的不一致。本书中我们认为："手机媒体是以移动终端（手机）为媒介，以通信网络为基础，以双向或多向互动为主要传播方式进行信息传播的新媒体，是通过手机进行信息表示和传输的载体。"[①]

（二）运用手机媒体开展思想政治教育的有效措施

手机媒体为开展思想政治教育活动提供了资源丰富、覆盖面广的教育平台，成为思想政治教育信息的集散地和社会舆论的放大器。因此，高校必须探索出一条运用手机媒体开展思想政治教育的有效途径，使手机媒体为传播社会主义先进文化而发挥自身的作用，成为思想政治教育的前沿阵地和广阔空间。

1. 重视手机媒体作用，增强引领的导向性

大学生思想政治教育在树人、育人的过程中，既要注重互动性、针对性，也

[①] 杜亮. 论手机媒体成为高校思想政治教育新载体的可行性与重要意义[J]. 文教资料，2010（36）：181—185.

新媒体视野下大学生思政教育创新探索

要重视信息传播媒介的导向性、理论性。深入了解不同教育对象的实际认知能力、道德水平和思想状况，有的放矢地引导其提升境界、树立信念，通过增强引领的导向性来提升思想政治教育的实效性。

要在全社会范围内建立信息平台，引领正确舆论导向。国家机关、政府机构、社会组织必须充分认识到手机媒体在思想政治教育中的引领作用，在全社会范围内建立广泛的信息应用平台，以现代信息技术为先导，提高信息加工处理和反应速度，扩大信息传播的覆盖面积，凝聚力量、鼓舞士气、导正风气，增加思想政治教育的控制力和主动权。同时，也必须认真考虑青年一代的各方面需求，在大学生思想政治教育过程中调动青年人的积极性和参与性，在教育者和受教育者之间营造出平等、开放、互动、共享的教育氛围，充分发挥手机媒体的舆论引导功能，将社会主流文化渗透其中，弘扬社会正气。

2. 聚焦大学生主体地位，倡导健康文明的手机文化

大学生是校园活动的主体，要重视大学生的主导地位，给予其充分的尊重，通过手机媒体的运用，实现教师与学生之间的平等沟通与交流。此外，高校要重视校园内的手机文化建设，构建独具魅力的手机文化环境，倡导积极健康的手机媒体运用。高校应组织起文明向上的手机文化交流活动，促使大学生提高自身的文化和思想道德修养，防止不良信息的侵蚀，树立积极向上的生活态度。

3. 建立宏观监控管理，提高手机媒体社会责任感

由于手机本身所具有的特点，使得手机所传播的信息纷繁复杂，良莠不齐，在大学生群体中手机传播的内容一部分存在较大的负面作用，对大学生的思想和行为产生不良影响。对此，相关部门就必须加强对手机媒体的监管，建立宏观监管机制已经刻不容缓。

一方面，手机媒体行业必须加强自我监督、自我管理，完善行业自查机制。手机媒体行业必须严格制定和执行行业规范，加强自我监督、自我管理，从源头入手，清除虚假信息、黄色信息、不良信息。与手机媒体相关的各方力量，比如监察部门、运营商、代理商及手机用户，也应从技术、法律、道德等层面对手机媒体行业进行监督管理，积极贯彻执行监督管理条例，为手机媒体行业的健康发展贡献自己的一分力量。

另一方面，手机媒体的社会责任感亟待提高。政府部门必须建立健全手机媒体行政管理机制，加强手机媒体领域的社会责任意识、道德意识和法律意识。手机媒体行业则需要加强从业人员的社会道德和职业道德建设，主动接受有关部门和手机用户的监管，勇于承担净化手机媒体传播环境、维护公共信息传播秩序的责任，履行保障手机媒体安全、稳定、有序发展的社会责任和义务。

第三节　提高媒介素养，促进大学生思想政治教育工作开展

党的十八大报告中，关于加强教师队伍建设的要求进一步明确提出了"提高师德水平和业务能力，增强教师教书育人的荣誉感和责任感"的具体目标。大学生思想政治教育者作为教师中的一个特殊群体，提高自身道德水平，学习提升开展思想政治教育工作的相关技能，增强对学生工作的荣誉感和责任感，也成为新时代的基本要求。新媒体技术的广泛应用对教育主体提出了更高的要求。因此，随着新媒体技术的发展，大学生思想政治教育工作者必须实现自身的　"媒介化"，不断提升自身的媒介素养，从而开拓大学生思想政治教育工作的新局面。

一、新媒体环境下大学生思想政治教育者媒介素养的要求

（一）高超的媒介能力

大学生思想政治教育工作者的媒介能力是指高校思想政治工作者利用媒介增强思想政治教育工作效果的能力。思想政治教育工作者应该具备如下三个方面的媒介能力，即媒介的运用能力，媒介的批判、反思能力和分析、制作信息的能力。

1．运用媒介的能力

运用媒介的能力是指大学生思想政治教育工作者熟悉媒介基础知识，能够运

新媒体视野下大学生思政教育创新探索

用媒介设备进行思想政治教育工作的能力。媒介的运用能力是大学生思想政治教育工作者必须具备的能力。思想政治工作者只有在了解网络基础知识、熟练运用网络设备的基础上，才能准确使用网络工具，对网络信息进行检索、存储和制作。网络时代，大学生思想政治教育工作者媒介的运用能力中，除了具有利用网络媒介信息能力外，还要具备使用各种教学媒介的能力。

首先，大学生思想政治教育工作者要熟练掌握各类网络常用信息媒介的操作，如最基本的 Office 2010、Photoshop 等应用软件；Internet Explorer、Firefox 等浏览工具；Google、百度等搜索引擎；网络下载工具；Outlook Express 等电子邮件的收发工具；还有最常用的 QQ、博客、微博、微信、校内网络等互动交流工具。其次，要有较高的外语水平。网络时代，思想政治教育工作者的外语水平特别是英语水平，已经成为衡量大学生思想政治教育工作者综合素质的重要依据。信息技术的飞速发展和互联网的广泛应用，使全球信息实现快速融合，国际上最新的网络技术的交流和使用，很多通过英文向世界推广，大学生思想政治教育工作者具有较高的英语水平，有利于掌握网络的使用情况，提高获取信息的能力，进而提升网络的使用能力。

2. 对媒介的批判、反思能力

媒介的批判、反思能力是指大学生思想政治教育工作者运用马克思主义基本原理，结合现有的知识储备，对媒介信息进行科学鉴别，揭示信息背后所隐藏的意识形态、商业和情感等诉求，从而保持对信息的清醒认识的能力。媒介的批判、反思能力不仅是网络健康发展的内在要求，更是民主社会的重要特征，体现了大学生思想政治教育工作者媒介素养的核心能力。

媒介对信息既有反映实际，又有再造现实的功能。信息经过媒介体制的中转环节，被融入政治、经济、文化等多种因素，具有强烈的意识形态和价值观取向。同时，大学生思想政治教育工作者应当培养自己成为积极的受众，注重媒介批判性意识和反思维能力养成。在工作、学习、生活中，大学生思想政治教育工作者应该学会符号分析的办法，对所传播的媒介信息的内容有自己的独立判断与态度，并能够进行反思，利用网络、报纸与广播及电视媒介合理地表达出自己的观点，增强信息的过滤能力和免疫能力，进而提高自身的媒介素养水平。

3．分析、制作信息的能力

分析、制作信息能力是指大学生思想政治教育工作者利用已经获取的有价值信息，遵循大学生思想政治教育基本原理，结合新媒介的应用，分析、创作出适合大学生思想政治教育工作材料的能力。新媒体时代，信息技术快速发展，大学生思想政治教育工作者除了掌握思想政治教育基本功外，还应适应新媒体时代要求，注重自身能力结构的完善，具备创造性的分析、制作信息的能力。

这种创造性的信息制作能力主要表现在两个方面：一要具有较高的信息整合能力。新媒体时代，信息数量成级数增长，大学生思想政治教育者不能仅仅简单地把信息堆砌起来，还必须要集各媒体之所长，通过网络、手机、电视等媒介来获取国内外发生的重大事件，综合运用文、图、声、像等多种表现手法，对所收集的信息资料进行汇编整合、加工提高，使之体现深层次的内涵。二要具备创新大学生思想政治教育的能力。新媒体时代，信息的迅速更替和传播速度日益加快，在激烈的意识形态斗争领域中，谁能够充分利用各种媒介资源，创作出大学生喜闻乐见的积极向上的思想"作品"，在争夺意识形态斗争主动权时就具有优势。为此，大学生思想政治教育者应当适应新媒体时代的要求，拓宽大学生思想政治教育工作新选题，凸显独特风格，积极探索大学生思想政治教育工作新方法，始终站在时代前沿，形成与大学生共同交流、共同进步的思想政治教育的新局面。

（二）敏锐的网络信息意识

互联网的普及，产生了大量网络用语，而网络语言只有放到特定的语境中才能理解其真实意义。大学生思想政治教育工作者不具备新媒体意识和掌握一定网络技能，就不能了解学生非常熟悉的网络用语，从而产生信息流短路现象，有时还会产生误会，贻笑大方。思想政治理论教育工作者必须具有敏锐的媒介信息意

新媒体视野下大学生思政教育创新探索

识，很好地利用网络这种媒介信息平台，掌握大学生的沟通方式，保证与大学生之间交流顺畅，使师生间互动交流向良性发展，这样思想政治教育工作才会取得预期的效果。

1. 思想政治教育"网络化"意识

毫无疑问，网络是把双刃剑，它给人们带来前所未有的极大便利的同时，也带来了诸多的困境和困境之下的焦虑。随着市场经济和媒介产业的快速发展，处于转型期的我国大众网络，受到市场经济、外来文化等多种因素的影响，商品性、娱乐性、消费性凸显。虚假信息、低俗内容、网络欺诈等方面的问题屡见不鲜。此外，网络系统发展的不平衡，带来了全球范围内的信息鸿沟，文化霸权、网络殖民也应运而生。网络使世界变成"地球村"，然而"村内"的疏远、隔阂和冲突无处不在。为此，大学生思想政治教育工作者应该具有"网络化"意识，积极适应网络时代特点，转变思想政治教育工作理念和作风，要充分认识网络思想政治教育的重要意义，要借网络之势，拓展工作阵地，增强思想政治教育话语权。引导学生关注时事政治，对资本主义制度和社会主义制度进行研究和分析，帮助大学生了解我们国家政治、经济、文化、社会制度的优越性，增强当代大学生的民族自豪感和爱国主义热情。

2. 思想政治教育资源收集、分析与处理的意识

思想政治教育的资源收集是大学生思想政治教育的首要任务。在大学生思想政治教育过程中，信息资源是灵魂，具体、准确、及时的信息是提高思想政治教育有效性的关键。从信息资源的角度出发，大学生思想政治教育工作的开展过程就是获取、选择、传播信息的过程，即大学生思想政治教育工作者掌握思想政治教育的主动权，用准确、生动、恰当的信息影响大学生思想观念和精神状态的过程。网络媒体的覆盖面极广，传播信息的手段多样化，因此，大学生思想政治教育者应更多地走入数字网络世界，在信息的海洋中主动获取更多信息，充分利用现代信息技术拓宽信息收集渠道，加快信息收集的速度，随时掌握瞬息万变的社会信息，以及大学生受此影响下的思想波动情况。

在获得大量信息的基础上，要注意对思想政治教育信息进行控制处理。换言之，大学生思想政治教育的信息资源经过高效、智能的信息系统优化处理，才能由"原料"转换成"战略性资源"，思想政治教育运用此种信息才能收到良好的教育效果。大学生思想政治教育工作者必须有思想政治教育资源分析与处理的"信息化"意识，通过运用现代信息技术，对大量冗余、虚假、繁杂的信息进行分类、优化处理，使其精确化、科学化。经过对信息的分析与处理，汇总有重要参考价值的信息，以此作为对大学生进行思想政治教育的主要内容，从而提高思想政治教育的效果。

（三）崇高的媒介道德水平

媒介道德是指整个媒介活动中信息接收者、使用者、加工者和传递者之间各种行为规范的总和，即整个媒介活动中的道德。新媒体时代，引发了一系列新的媒介道德伦理问题，一方面给掌握了一定信息技术却缺乏自控的大学生带来了诱惑，产生了媒介道德失范现象。另一方面也给大学生的思想政治教育工作带来了挑战。当前，高校的媒介素养教育缺失，导致对大学生进行媒介道德教育也处于起步状态，不能有效地帮助大学生抵制媒介带给他们的不良影响，降低了大学生思想政治教育工作的实际效果。然而，信息犯罪、网络暴力、色情成瘾等媒介伦理道德议题，越来越为人们所重视，对大学生进行媒介信息道德素养教育已成为全球教育人士的普遍共识。在这种情况下，我国大学生思想政治教育工作者只有本身具备崇高的媒介道德，才能帮助大学生树立媒介道德的意识，学会正确使用媒介，从而避免新媒体给大学生带来的负面影响。大学生思想政治教育工作者的道德素养主要包括如下几个方面内容。

1. 媒介伦理道德意识

在新媒体中，人们把媒介伦理道德称为"媒介的第一道防火墙"，网络媒介活动中的一些不文明、不道德现象反映出了加强媒介道德建设的重要性和必要性。

大学生既是媒介信息的接受者，也是媒介信息的传播者。为了培养大学生崇高的媒介道德素养,大学生思想政治教育工作者应当自觉树立媒介伦理道德意识,在思想和心理上建立起抵御网上不良信息的防线,树立正确的媒介伦理道德观念,恰当地控制自己的媒介行为,自觉抵制媒介垃圾信息的侵蚀,成为一名媒介的文明使用者。

2. 媒介法制观

大学生思想政治教育工作者要具有媒介法制的观念,全面增强媒介法律法规常识,懂得在法律规定的维度下正确使用媒介及利用媒介信息开展思想政治教育工作的内容及行为规范。同时,大学生思想政治教育工作的主管部门,应当组织专门人员制定媒介行为准则和媒介管理有关规定,并做普及化的宣传。只有增强了媒介法制观念,思想政治教育工作者才能正确使用媒介及媒介信息,并对学生开展有说服力的媒介道德教育,进而提升大学生思想政治教育工作的实效性。

3. 社会责任感

大学生思想政治教育者除了要担负起大学生的思想政治教育职能,也要承担起引导媒介舆论导向的责任。因此,其媒介道德水平、社会责任感就显得尤为重要。首先,大学生思想政治教育者应当具备较高的道德水平。"如果没有道德观念的发展,对于有修养准备的人是崇高的东西,对于无教养的人却只是可怕的。"[①]大学生思想政治教育者应当加强理论学习,明确自身从事职业的职责,并树立积极向上的正确道德观。其次,大学生思想政治教育者在思想政治教育工作中应坚持知行合一。捷克伟大的教育家夸美纽斯说:"道德的实现是由行动,而不是由文字。"也就是说道德修养必须要付诸实践行动。在工作中,大学生思想政治教育者要自觉强化媒介道德观念,树立为学生、为社会服务的责任意识。

总之,信息技术越是先进,大学生思想政治教育者就越需要构建适应现代信息技术发展的新型道德观念体系。大学生思想政治教育者只有具备崇高媒介道德,才能规范自身的媒介活动行为,保证更好地对大学生进行媒介道德教育,进而为人类的进步服务。

---

① 朱光潜. 西方美学史(下卷)[M]. 北京:人民文学出版社,1980:89.

二、大学生思想政治教育者媒介素养的培养路径

为适应新时期大学生思想政治教育工作发展的新情况，我们应全面提升思想政治教育者的媒介素质，加强对大学生思想政治教育者的培养，具体做法体现在以下几个方面。

（一）国家制定政策法规引导思想政治教育队伍培养的进程

国家制定一套合理的政策法规，引导社会对大学生思想政治教育队伍培养的进程，调节整个社会培养的进程，保证培养重点和难点的突破与实现，从而确保大学生思想政治教育队伍培养具有科学性、针对性和权威性。国家制定大学生思想政治教育队伍培养的政策主要体现在以下几个方面：首先，应制定加大教育投入的政策。通过这一政策的制定，可以形成政府、社会、单位及个人的教育培养投入，为大学生思想政治教育队伍的培养提供强有力的支持和保证。其次，制定合理的人才引进政策。通过政策的制定可以吸引优秀人才从事思想政治教育，提升大学生思想政治教育队伍的整体素质。

（二）深入研究和努力构建大学生思想政治教育队伍素质的培养理论

作为一种新的教育活动，提升教育者的媒介素养已经成为适应时代发展和技术要求的新的教育模式和教育理念。在开展大学生思想政治教育工作的过程中必须高度重视提升教育者媒介素养的重要性，主动深入研究媒介素养培养的相关理论。努力构建一种适合我国国情、校情的大学生思想政治教育媒介素养培养理论。

大学生思想政治教育工作者对媒介素养培养理论的研究，要坚持"以人为本"的思想，以教育人、鼓舞人、引导人为主要目标，紧密结合大学生思想政治教育的实际工作，同时结合学生所学专业的特点，对大学生关注的热点问题进行深入的剖析，体现思想政治教育的针对性和实践性。

（三）积极开展提升思想政治教育工作者媒介素养的实践活动

高校作为思想政治教育工作者媒介素养培养的主要场所，针对大学生思想政治教育工作者，应该建立起完善的媒介素养培养体系，针对提高其媒介素养进行专门的研究，开展大学生思想政治教育工作者的校园媒体实践等活动，倡导他们

新媒体视野下大学生思政教育创新探索

积极、主动参与，全面提高自身的媒介素养。

1. 构建完善的思想政治教育工作者媒介素养的培养体系

随着新媒体的发展和普遍应用，高校管理者应该看到新媒体应用的前景和优势，重视培养思想政治教育工作者的媒介素养，结合当前大学生思想政治教育的工作现状，制定切实有效的方案，定期组织他们参加系统性的培训，促进思想政治教育工作者媒介素养的整体提升。

第一，高校应根据大学生思想政治教育的现实状况，结合高校思想政治教育工作的媒介素养水平，指定专门的思想政治教育工作者媒介素养培养机构，专门负责对思想政治教育工作者的媒介素养培训进行管理，制订出详细的培养计划。大学生思想政治教育工作者媒介素养的培养机构，应当由学校主抓思想政治教育工作的领导直接管理，统一负责该校思想政治教育工作者培养期间的课程安排、教学内容设计，提供思想政治教育工作者媒介素养培养方面的教师，以及教室、媒体信息、书籍和资金等必要保障。大学生思想政治教育工作者媒介素养的培养机构，可以通过指导、咨询、合作等形式对教师的媒介素养进行培养。还可以定期邀请专业人士讲座，通过论坛或是专题讲座的方式与思想政治教育工作者展开交流与沟通。

第二，在高校内应该建立起专门针对大学生思想政治教育工作者媒介素养培养状况的评估系统，这对提高其媒介素养具有重要的作用。通过评估系统，可以掌握媒介素养培养的实际情况，并根据他们接受媒介素养培养的效果，采取有效的培养措施，从而有效地提高思想政治教育工作者的媒介素养水平。需要注意的是，大学生思想政治教育工作者媒介素养培养评估系统在构建的过程中，应当根据思想政治教育工作者媒介素养培养的实际情况，统筹安排思想政治教育工作者媒介素养的培养过程展开，注重理论与实践的结合。

2. 成立思想政治教育工作者媒介素养培养研究中心

地方政府教育部门或高校应当成立思想政治教育工作者媒介素养培养研究中心，专门从事提高思想政治教育工作者媒介素养的研究工作。具体来说，研究工作的展开可以通过以下三方面进行。

第一，召集专门从事大学生思想政治教育工作的学者和专家就大学生思想政治教育者媒介素养培养问题进行课题调研和探讨，从而提出最佳培养方案。

第二，通过聘请的方式，听取社会上从事思想政治教育工作者媒介素养相关领域的专家的意见，来对高校的媒介素养培训工作进行改进和提高。

第三，要全面了解大学生思想政治教育者的个人信息，然后按照性别、年龄、学科等指数选取媒介素养的差别样本，从整体上对大学生思想政治教育工作者的媒介素养有全面的认识，然后再有针对性地进行研究和分析，从而就本校思想政治教育工作者媒介素养的培养设定最为恰当的培训方式。

参 考 文 献

[1] 陆庆壬. 思想政治教育学原理[M]. 北京：高等教育出版社，1991.

[2] 十六大报告辅导读本编写组. 十六大报告辅导读本[M]. 北京：人民出版社，2002.

[3] 吴潜涛，刘建军. 新时期思想政治教育史论[M]. 合肥：安徽人民出版社，2004.

[4] 周长春. 新形势下大学生思想政治教育探索[M]. 北京：北京工业大学出版社，2005.

[5] 王小云，王辉. 大学生社会实践概论[M]. 北京：中国经济出版社，2005.

[6] 陈爱国. 大学生思想政治工作概论[M]. 长春：吉林大学出版社，2005.

[7] 徐绍华. 高校网络思想政治教育的实效性研究[M]. 昆明：云南民族出版社，2006.

[8] 石云霞. 高校思想政治理论课程建设史研究[M]. 武汉：武汉大学出版社，2006.

[9] 李松林. 思想政治理论课教学模式研究[M]. 北京：首都师范大学出版社，2006.

[10] 刘新庚. 现代思想政治教育方法论[M]. 北京：人民出版社，2006.

[11] 刘基. 高校思想政治教育论[M]. 北京：中国社会科学出版社，2006.

[12] 骆郁廷. 高校思想政治理论课程论[M]. 武汉：武汉大学出版社，2006.

[13] 高鸣. 网络文化与大学生思想政治教育新论[M]. 镇江：江苏大学出版社，2007.

[14] 王海. 和谐社会构建过程中的大学生思想政治教育论[M]. 武汉：华中师范大学出版社，2007.

[15] 杨慧民. 高校思想政治理论课案例教学法研究[M]. 北京：高等教育出版社，2007.

[16] 聂彩林. 高校思想政治理论课教学艺术[M]. 成都：电子科技大学出版社，2007.

[17] 檀江林. 高校网络思想政治教育研究[M]. 合肥：合肥工业大学出版社，2007.

[18] 唐家良. 高校辅导员队伍专业化建设与成长[M]. 北京：现代教育出版社，2008.

[19] 欧巧云. 当代大学生生命教育研究[M]. 北京：知识产权出版社，2008.

[20] 史广成，王玉敏. 思想政治工作概论[M]. 济南：山东人民出版社，2008.

[21] 姜国峰. 网络思想政治教育理想模式的构建研究[M]. 昆明：云南大学出版社，2009.

[22] 刘丽琼. 思想政治理论课教育接受论[M]. 北京：人民出版社，2009.

[23] 阮俊华. 知行合一，实践报国——大学生从社会实践从向成功[M]. 杭州：浙江大学出版社，2009.

[24] 苗丽芬. 大学生日常思想政治教育实效性研究[M]. 北京：高等教育出版社，2009.

[25] 梅萍. 当代大学生生命价值观教育研究[M]. 北京：中国社会科学出版社，2009.

[26] 吕志，黄紫华. 高校思想政治理论课实践教学探索[M]. 广州：华南理工大学出版社，2009.

[27] 教育部思想政治工作司. 大学生思想政治教育理论与实践[M]. 北京：高等教育出版社，2009.

[28] 胡树祥，吴满意. 大学生社会实践教育理论与方法[M]. 北京：人民出版社，2010.

[29] 徐建军. 大学生网络思想政治教育理论与方法[M]. 北京：人民出版社，2010.

[30] 封希德. 大学生日常思想政治教育实效性研究[M]. 成都：西南财经大学出版社，2010.

[31] 邹礼玉. 仰望星空，脚踏实地——高校思想政治理论课魅力课堂的构建[M]. 天津：天津大学出版社，2011.

[32] 李文信. 大学生核心价值观教育创新论[M]. 银川：阳光出版社，2011.

[33] 漆小萍. 中国高校学生事务管理[M]. 广州：中山大学出版社，2011.

[34] 单春晓. 高校思想教育工作新视界[M]. 北京：人民出版社，2011.

[35] 陈国荣. 梳理与构建：大学生思想政治教育理路研究[M]. 北京：中国社会科学出版社，2012.

[36] 周家华，王金凤. 大学生心理健康教育[M]. 北京：清华大学出版社，2012.

[37] 闵永新. 大学生思想政治教育整体有效性问题研究[M]. 北京：中国社会科学出版社，2012.

[38] 黄志斌. 当代思想政治教育方法论[M]. 合肥：合肥工业大学出版社，2012.

[39] 黄蓉生，白显良，王华敏. 改革开放 30 年大学生思想政治教育论[M]. 北京：中国社会科学出版社，2012.

[40] 乔万敏，邢亮. 大学生思想政治教育质量提升模式研究[M]. 北京：人民出版社，2013.

[41] 王文鹏，王冰蔚. 高校学生心理健康考评民指导[M]. 北京：清华大学出版社，2014.

[42] 官汉蒙. 大学生心理健康教育教程[M]. 长沙：湖南人民出版社，2015.

[43] 朱合理. 大学生个体自我管理研究[M]. 武汉：武汉大学出版社，2016.

[44] 卢新文. 新时期大学生思想政治教育创新研究[M]. 西安：西安地图出版社，2016.

[45] 赵惜群. 网络思想政治教育理论与实践研究[M]. 长沙：湖南大学出版社，2017.

[46] 徐建洪，王鲁宁. 试论大学生思想政治教育方法的创新[J]. 扬州大学学报. 2002（04）.

[47] 刘卫平. 当前高校大学生网络思想政治教育初探[J]. 湘南学院学报. 2004（04）.

[48] 朱仁宝，叶元培. 关于大学生思想政治教育创新的思考[J]. 浙江教育学院学报. 2004（06）.

[49] 周贵发，钟正华. 促进大学生思想政治教育"三贴近"[J]. 思想政治工作研究. 2005（02）.

[50] 金世灯. 积极探索大学生思想政治教育的有效途径[J]. 黑龙江高教研究. 2005（11）.

[51] 尹晓敏. 微博兴起背景下大学生思想政治教育的挑战与应对[J]. 思想教育研究. 2011（02）

[52] 黄岩，陈伟宏. 新媒体：大学生核心价值观培育的契机与挑战[J]. 思想政治工作研究. 2011（06）.